“おしゃれ”と“カワイイ”の社会学

酒田の街と都市の若者文化

NAKAGAWA Hideki
仲川 秀樹 著

学文社

序文

「おしゃれとカワイイ」を探す旅

〝おしゃれ〟と〝カワイイ〟がトレンドになって久しい状況が続いている。ここでいうおしゃれとカワイイは、時代のトレンドに沿ったスタイルで、そこに集まる人びとの集合的嗜好にかかわり、個々人の欲求を充足させる重要な条件の一つと考える。

トレンディを表現するのにふさわしいのは、流行やファッションに関する領域である。そこにあこがれをもつのはいつの世も若い人びとであり、それを象徴したスタイルが若者文化と呼ばれてきた。若者たちの先にあるものこそ、その時勢のトレンドなのである。

一九七〇年代後半にはじまったおしゃれなスタイルは、時代の連続性のなか、一九八〇年代に定着し、一九九〇年代後半から多様な流行となり、二〇〇〇年代、その勢いはめまぐるしい。おしゃれにつながるカワイイモデルも、いまや「〜カワイイ」と表現される風潮をつくりだした。大都市の特定エリアから発信したおしゃれやかわいいの流れは、多くのマス・メディアを通しながら全国各地へと拡散していった。二〇〇九年から二〇一〇年、そうしたトレンドの嵐を、地方都市の若者たちはいかに受容し、その影響はいかなるものだったのか。その対象を山形県酒田市の高校生たちと若者におく。

地方都市の若者文化とトレンドの関係をみるということに注目するのには理由がある。地方都市の衰退は、不変性をもった課題となり、長く帰属処理化されてきた。それはそれで仕方のないことかもしれない。しかしその原因は紛れもない若い人たちの外部流出にある。そこには大都市のメディア環境も大きく作用している事実がある。しかしその根拠を科学的に検証し、明らかにし、問題解決をはかろうとする試みはあまり聞くことがない。この現実が今回の研究にとりかかった動機にもなっている。

若者があこがれるメディア環境とは、何か。それを本書では「おしゃれ」と「カワイイ」というトレンドを中心にみていこうと考えた。その時代の流行こそ若者文化であるという視点をもとに研究を進めていった。そしてその対象の地方都市をふたたび酒田市においた。酒田市を対象とする研究は、今回が三度目となる。過去に二度、酒田市の中心市街地にある中町商店街から誕生したアイドルグループによる商店街の活性化を検証した『メディア文化の街とアイドル』（二〇〇五年）。酒田をメディア文化の街と位置づけ、大火から三〇年を追った『もう一つの地域社会論』（二〇〇六年）としてその成果を刊行してきた。

そして今回、メディア文化の街「酒田」のオリジナリティを追究するテーマを掲げた。それが若者たちをつなぐ重要な条件であるメディア環境の一つ「おしゃれ」と「カワイイ」である。大都市にあこがれる要因にはメディア環境が大きい。その充実こそ、若者の地元への愛着度にも転換されるのではないか。共通テーマをメインにしながらも、地元の若者たちが街や将来に抱く、地域社会像などにも迫ってみた。酒田における「中心市街地の活性化」、「中心市街地の進化」を経て、「中心市街地のオリジナル」研究へと展開したのが本書である。

第1章では、本書の理論的前提となる「おしゃれ」と「カワイイ」を社会学的視点から概念規定。流行とかファッションを意味するトレンドの部分の理論を示し、マス・メディアとの関連からみた実証研究の成果も取り上げた。

第2章は、地方都市のトレンドを知るために、これまで対象としてきた酒田市の周辺を多角的に論じた。なぜトレンドの街に位置づけるのか、メディア文化の街とした要因など、ファッションや文化的側面からまとめている。

第3章は、地域の若者文化を知るために、酒田市内高校生八〇〇人に調査を実施した。高校生が望む街とは、中心市街地に若者が集まるには、将来の展望などを聴いた。さらに女子高生を対象に「おしゃれ」と「カワイイ」を中心としたトレンド調査も分析した。

第4章は、〝おしゃれ〟と〝カワイイ〟を探すフィールドワークの記録である。三度目となる酒田市内主要スポットでのヒアリングや、高校生との意見交換など、リアルトレンドの状況を記した。

第5章では、予備調査から本調査のフィールドワーク、高校生調査の検証など、多角的に酒田の街で学生自ら感じとった生の声を取り上げた。

第6章は、酒田市内で開催されたシンポジウムの記録である。学生によるフィールドワークの成果報告、それに対する行政・商店街関係者との質疑、高校生や一般市民たちと語った「おしゃれ」と「カワイイ」の総括である。

そして結びでは、映画やドラマのメディア・スポットからみるシアター空間の独自性を語る。伝統的カワイイが現代に活かされ、あらたなカワイイモデルが誕生している様子。酒田の街の〝おしゃれ〟と〝カワイイ〟を特定する。

中町ファッションがあった中心市街地に若者は集まらない。郊外型ショッピングモールは、ショッピングに対する利便性が高く、ファーストフード中心のコミュニケーションが可能なエリアに集まる若者たち。長く語られてきたこの地域社会の構図にはいかなる手段や方策もないまま時が過ぎた。著者も可能な限り、質的調査・ヒアリング、フィールドワークを通してその方策を探り、その対応策を提示してきた。

そして今回、中心市街地のオリジナル、中町商店街の独自性に向けて、中町というエリアに必要なトレンド環境の取り組みを探した。市内の高校生のほとんどが、「なぜ、中町に出かけないのか」、「中町に出かけるとしたらその条件とは」、それが本書で記した結果である。

酒田をテーマにした過去の研究から四年ぶりに、この街を対象とした三冊目の著書を刊行することになった。これまでの二冊と異なるのは、酒田の若者の声をリアルに分析し、本研究テーマの「おしゃれ」と「カワイイ」に結びつけたことにある。地方都市は高校生が中心となり若者文化を形成している。本書は、その地元高校生の多くの意見によって構成されているのも特質であろう。

そうした地元高校生の声を聴き取るために、山形県立酒田商業高等学校の中山英行校長、井上恭一教頭、猪又義則教諭。とくに、井上教頭先生には、高校生との合同ゼミという形で、詳細な意見を聴く機会を提供いただいた。山形県立酒田東高等学校では、冨士直志校長先生が、調査および高校生との意見交換の場、さらに自ら体験した酒田のメディア環境についての詳細を学生たちに教示してくださった。そして、山形県立酒田西高等学校の小柳秀記校長、志田正男事務長。小柳校長先生には、直接高校生と語り合う場の企画から補充調査および「高校生提言リレーシンポジウム」の場を通して、若者のリアルな声を聴く時間もいただいた。伝統ある酒田市内三校の高校生の意見は貴重な資料として本書でも随所に活かされている。この三校の先生方、生徒のみなさんには、本当にお世話になりました。

今回もマスコミ関係では、本研究の出発点の予備調査において山形新聞酒田支社の齋藤秀記者、荘内日報酒田支社の堀裕記者、シンポジウムにおいて河北新報社酒田支局の浅井哲朗記者の方々、さらに、山形新聞酒田支社の滝井充明編集部長からは、シンポジウムの取材はもちろんのこと、酒田市内高校生調査の中間報告の紹介、フィールドワークにあたり学生たちの研究への取り組み方までの詳細を追った確信的な記事をいただいた。そして、共通テーマである「酒田の街の〝おしゃれ〟と〝カワイイ〟」に関する報告の場を紙面にいただいた、山形新聞本社の鈴木雅史報道副部長（論説委員）には、あらためて感謝申し上げます。

また、酒田市の行政機関、とくに酒田市商工観光部の小野直樹部長をはじめとする関係者の方々、広報活動に関しては、株式会社平野新聞舗の平野宣代表取締役社長の多大なご協力がありました。酒田のカワイイフルーツとしての、「刈屋梨」生産者で農業の三浦雅明氏には、直接刈屋まで訪れお時間をいただき、その本質に触れることができました。

中町シンポジウムの会場提供から一連の調査協力を賜わった、マリーン5関係者、中合清水屋店のスタッフのみなさんにも感謝申し上げます。

地方都市を対象に、その都度研究テーマを確立するには、その街に対する日頃からの接触が重要である。酒田の中心市街地を歩き、思索にふけるという時間の大切さがあっての本研究であることは疑いのない事実である。そのためには、いつも著者の研究に欠かすことのできない二人のキーパーソンの存在がある。中心市街地である中町中和会商店街振興組合の脇屋直紀理事長、S－Produceの関浩一プロデューサー。いつも酒田の未来をみつめている2人の視点は、著者の研究に大きな影響を与えてくれた。あらためて両氏に感謝申し上げたい。

本書の基礎研究の部分には、酒田の街を何度となく歩き、研究以上のはたらきをしてくれた日本大学仲川ゼミナール（マスコミ基礎研究）の学生たちのサポートがあった。ゼミ長の千野れいか、ゼミ長代行の原田怜子、井原友利恵、国友由佳、下平小百合、太刀川遥香、相田晴美、今井理紗、立川真衣、上原しの、飯田千晶、川崎結希子、有野信、平野望のゼミ生のみなさん、とくにゼミ長の千野れいかさんは、全体の責任者であるだけでなく、ゼミの精神的支柱としてかけがえのない存在となってくれた。この14人の素晴しいゼミ生たちと酒田で過ごした研究の日々は生涯忘れることができない。本当に感謝しています。

最後になりました、本書がこうして出版できたのは学文社の田中千津子社長のアカデミズムの世界に対してのサポートのおかげです。当初の刊行から大幅な遅れ、ご迷惑のかけっぱなしでした。それでも本書の必要性をご理解いただきました。感謝の言葉がございません。

このように本書が刊行できるのは、たくさんの方々のご協力とご教示があったからです。ここに心から感謝の言葉を申し上げます。本当にありがとうございました。

仲川　秀樹

二〇一〇年三月

目次

〝おしゃれ〟と〝カワイイ〟の社会学―酒田の街と都市の若者文化―

第2章　地方都市の〝おしゃれ〟と〝カワイイ〟を考える……30

第6章 〝おしゃれ〟と〝カワイイ〟を語った一日

第1章

〝おしゃれ〟と〝カワイイ〟の社会学的視点

第1節　〝おしゃれ〟と〝カワイイ〟の世界

1　〝おしゃれ〟の社会学的概念

♡〝おしゃれ〟と〝カワイイ〟のトレンド

〝カワイイ〟ということばがトレンドになって久しい。(1) 女性たちの相互行為の背景にあるのはカワイイという共通のコミュニケーション的行為である。そもそもカワイイに注目されるようになったのは、日本語の「可愛い」から、ひらがなの「かわいい」そして、今日主流のカタカナの〝カワイイ〟と、時代ごとに〝かわいい〟という記号的意味が進化を遂げていったことにある。

〝おしゃれ〟にも同じようなとらえ方をみる。日常生活において「おしゃれ」と呼ばれる人は、

(1) 少女文化的一九七〇年代の「可愛い」、一九八〇年代ブリッ子としての「かわいい」、一九九〇年代以降ギャル、ファッショントレンドとしての「カワイイ」に。

トレンドに敏感なだけではなく、ファッショナブルであり、流行やファッションに長けたスタイルを抱いている。大多数の人びととは一線を画する社会的分化（差別化・差異化）の志向をもっている。(2) 流行やファッションというテーマに関心が高いのは若い人びとに多い。「おしゃれをしたい」「かわいくなりたい」、それを象徴しているのがこの二つのテーマである。

トレンドの概念

おしゃれとカワイイをトレンドとしてとらえるには、トレンドという概念について理解する必要がある。そもそもトレンドは、流行という社会現象の概念整理からはじめる。一般に流行からイメージされるのは、ファッション（fashion）である。正確にファッション（カタカナ表記）は、衣服と装飾品の総称であり、人物が身につけるトータル的なスタイルをあらわす。つまり、スタンダードな流行とファッションは区別され、ファッション以外の社会的政治的流行現象は、ブームという言葉を用いる。ここに「流行」「ファッション」「ブーム」という類似概念の用語が並ぶ。このような流行現象を総合的に表現する場合、上位概念として「トレンド」（trend）あるいは「トレンディ」（trendy）という用語を使用していきたい。(3)

通常、トレンドとは、その時代や時勢における方向性や、風潮、動向、流れなどの風向きに近い意味で使用されている。流行やファッションのように特定の対象物をイメージするのではなく、歴史的な変動過程における特殊な流れなどを総合的にあらわすようなとらえ方が多い。ゆえに個人や集団における傾向などによって判断されるおしゃれとかカワイイについてのトレンドは、時代の嗜好という意味合いが適切なのである。

---

(2) 流行理論にある社会的同調行為に対する個別スタイルを意味する。

(3) カテゴリー化せず流行現象のすべてをカバーできる。

トレンドをめぐる人びと

今日のおしゃれやカワイイの特徴は、特定するモデルに対して、「〜カワイイ」とか「〜カワ」と略しながら、思い思いの表現を楽しむ女性たちの姿をみることができる。マス・メディアは彼女たちのそうした行動を頻繁に取り上げる。シンボリックな内容に世の人びとはそれがトレンドだと認知してしまう。

メディアは、人間関係を媒体する道具である。(4) それに呼応するかのように、両者に共有されることは、一般社会における社会的相互行為において、きわめて良好な人間関係を構築する道具になっていることである。若い人びとのあいだでは、「おしゃれ」とか「カワイイ」と発する行為により、お互いの環境設定のベースを築く役割を果たしてもいる。

これほど日常的会話になっている両テーマの理解には、長くマス・メディアによって議題設定されたモデルの存在なくしては語れない。(5) そのモデルこそ女性誌であり、それが歴史的に女性たちの文化的パターンに影響をおよぼしてきた、女性たちの「おしゃれ」と「カワイイ」の世界である。

流行などの社会現象は、基本的に人びとが集まることによって生じる影響のおよぼし合いである。個々人のさりげない相互行為によって個人の行為的側面が決定される。集合行動の一つであり、集合的嗜好が、トレンドを生み出している。

とくに若い人たちの時々の情報キャッチはスピーディである。トレンドの最先端にいるともいえる。つまりメディア環境のなかで生成している現実では、多様なコンテンツを受容している。何気ない日常を送っている場合、個々人は物事の価値や他人の言動、動向にみる意味の解釈によって反応する。行為が決定される。ところがメディアなどによるトピックや、特集記事

(4) 仲川秀樹、二〇〇五年『メディア文化の街とアイドル—酒田中町商店街「グリーン・ハウス」「SHIP」から中心市街地活性化へ—』、学陽書房、一八ページ。

(5) マス・メディアによる議題設定機能。

が提示され、周辺の人びとが反応した時、個人の判断はその流れに敏感に反応することになる。日常の解釈的な相互作用は成り立たない。代わって登場するのは個人よりも集団の状況に反応し、自制力を失い、ある種の興奮状態から集合的状況に陥ってしまう選択である。(6)

メディア環境に長けている若い人びとゆえに集合的状況下での影響は大きい。つねに、議題設定下のなかで浮遊しているのである。その中心にあるものこそ、女性誌を中心としたマス・メディアである。

源流はマス・メディア

基本的に、「おしゃれ」と「カワイイ」の意味は、一九七〇年代マス・メディアの流れから連続してみる。一九八〇年代、そして一九九〇年代以降、メディア環境による女性たちへの影響過程は、女性誌の周辺環境から端を発している。女性誌で紹介された数々のモデルを受容したオーディエンスは、その周辺環境から独自のカテゴリーをつくりだし、小集団やマイブームにみるファッドを生成させてきた。(7)

女性誌をめぐっては、創刊する送り手側の事情、読者となる若い女性たち受け手事情が相互に重なり合う。そこにある読者の選択意識の変化こそ、〝おしゃれ〟と〝カワイイ〟の世界の変遷をみることでもある。

一九七〇年代マス・メディアの流れは、女性のおしゃれに応えた総合的な雑誌『an・an』と『non-no』の創刊によって幕が開いた。(8) 両誌に今日でもファッションや生活スタイルの入門女性誌とされ、多くの読者をかかえている全国誌のメディアである。

多くの女性たちをカバーする両誌に対して、徹底した差別化を図り、特定の階層をターゲッ

(6) 仲川秀樹、二〇〇二年『サブカルチャー社会学』学陽書房、四五ページ。

(7) 特定化した領域で共有される小規模の流行。

(8) 全国区向け入門女性誌としての『non-no』(一九七一年)、独自のテーマによる編集スタイルの『an・an』(一九七〇年)の創刊。

トにしたのが『JJ』の創刊であった。(9) ここに、マス・メディアにおけるおしゃれとカワイイの方向が決定されたのである。

それ以降は一九八〇年代、『CanCam』『ViVi』『Ray』の三誌がそろい、女子学生を中心とした「かわいい」ファッションの全盛となった。(10)

一九九〇年代に入り、女性誌の分化がはじまっていく。『Popteen』『Cawaii!』『CUTiE』『spring』『sweet』『Zipper』『SEDA』『egg』『KERA』などの創刊により「かわいい」から「カワイイ」へとトレンドの細分化も加速した。(11)

その細分化はとまらず二〇〇〇年代、もはや女性誌は複雑化していく。さらに『mina』『SCawaii!』『mini』『BLENDA』『小悪魔ageha』など、リアル女性誌の創刊が続き、多様なスタイルが複雑に絡みあっている状況に入った。(12) 女性誌ごとにおしゃれや〝カワイイ〟・スタイルが存在していることに注目すべきである。

トレンド発生と地域性

マス・メディアの方針は、トレンドスポットを特定し、そこにファッションモデルを登場させ、新規なスタイルをプレゼンテーションすることである。その結果が多数の読者を獲得することにつながる。当然のようにファッション区分も、女性誌の細分化にあわせ多彩である。帰属や属性によって、行動範囲も異なってくる。ここに本書の基本的意図が存在している。(13)

大都市であれば、トレンドスポットもあるエリアに集中する。その地域には、ファッションに関するショップや、カフェテリアなどの環境も整備され、ファッション雑誌から抜け出したようなステージをつくる。通称、「〜通り」とか、「〜ストリート」などと表現され、全国から

(9) コンサバ・セレブ系スタイルとして、一九七五年創刊。

(10) 4大女性誌。景気高揚の一九八〇年代にキャンパス・ファッションを確立。コンサバ系にカワイイをミックスし、ストリート系と一線を画す。

(11) ストリートギャル系としてのカワイイ・スタイルを提案。女性誌分散化の流れをつくった。

(12) ギャル系にストリートカジュアルも入った二〇〇〇年代台頭の女性誌群。お水系やキャバクラモデルともいわれる。

(13) ファッションやおしゃれを地域性から分類するために社会的属性をみる。

熱い視線を浴びるトレンドスポットなる。

それが地方都市になると、各都道府県の県庁所在地（通称一区エリアと呼びたい）のメインストリートはその代替地となる。(14) 理由は、そこに集客力がある百貨店やショップが並ぶストリートを形成し、大手メーカーの各支店が集まるからである。まさに、おしゃれとカワイイの激戦区になってしまう。人が集まるという条件、それを地方の若者文化にみるという本書の趣旨はこうしたトレンド発生から考えてみるということをここでも記しておきたい。

2 〝カワイイ〟の社会学的概念

〝カワイイ〟とは

スタンダードな表記の「かわいい」を基本に、今日、メディアを中心にシンボリックに用いられているのがカタカナの「カワイイ」である。本書では、〝カワイイ〟の意味を、「そこに居合わせた小集団どうしが、〝カワイイ〟と登録することで了解された特定の対象モデル」と規定する。(15) したがって、違う人間がそれをカワイイと認識しなくても、当該メンバーにおいての了解が生じたなら、それはカワイイとして登録され、成立するのである。そこには一般的な社会通念は関係せず、集団内の帰属や属性といった集合的嗜好が、カワイイモデルとして登録をする選択動機になっていることにある。

宮台真司は、日本の女の子は〝かわいい〟をコミュニケーションの手段として進化させたという。かわいいモードで交信をはじめると、もう何も考えなくても自然にコミュニケーション

(14) 衆議院総選挙での区割りにおける一区の中心市街地を基点。

(15) 仲川秀樹、二〇一〇年「メディアからみる〝おしゃれ〟と〝カワイイ〟の世界」『ジャーナリズム&メディア』第三号。一〇八ページ。

が転がっていくことに気がついた。いわば自分が何者であるかとか、家庭環境がどうだとか、勉強ができる・できないとか、どこ出身だとか関係なしに、かわいいモードでコミュニケーションが可能になるという。(16)

♡時代性と〝カワイイ〟

社会学的にカワイイを考えるモデルを女子大生と女子高生においてみたい。一九八〇年代初頭の第一次女子大生ブーム。一九八五年の第一次女子高生ブーム。両ブームのきっかけはファッションにあるとみる。女子大生ブームは、「ハマトラ」からブームになった女子大生というブランド。女子高生ブームは、「制服のモデルチェンジ（DCブランド化）」からブームをもたらした女子高生という存在がある。(17)

第一次女子大生・女子高生ブームのポイントにも、カワイイデザインがある。とくにDCブランド制服の特長は、「リボン」と「フリル」と「ギャザー」にあった。このカワイイ三大要因は、いまのおしゃれに共通するデザインとなっている。(18)

当時の女子大生のカワイイは、〝かわいい〟の方に比重があった。一九八五年頃までは、〝かわいい〟の表記ができた。ところが一九八五年以降女子大生は、セクシーを記号とするギャルさを売り物にしたようなスタイルに変化を遂げた。一九八八年ピークの第一次女子高生ブームにいた彼女たちの多くは女子大生になった。女子高生文化をそのまま大学生活に進化させた。それが露出度の高い〝ロマンチック・ファッション〟を生み出した。(19)一九九五年には、それがカワイイに移行し、その記号はその下の女子高生も巻き込んだ〝エロチック〟になっていった。(20)

---

(16) NHK「ひな祭りスペシャル東京カワイイ☆LIVE」、二〇〇七年三月三日OA、宮台真司コメント。

(17) 仲川秀樹、二〇〇八年「マス・メディアとキャンパス・ファッション」『ジャーナリズム&メディア』第一号、三九－四〇ページ。

(18) 「カワイイ」をポイントとしたデザインに注目。それにレースの組み合わせによる「カワイイ・ファッション」が人気。

(19) シースルーにパステル調のデザイン。

(20) キャミソールとミニスカート。通称下着ファッションとも呼ばれた。

〝カワイイ〟と女子高生

女子高生のカワイイをみるには、一九八八年当時、全国の高等学校で取り組んだセーラー服からDCブランド制服への移行に注目しなくてはならない(21)。大規模なモデルチェンジの傾向は、女子高生の存在を「制服」イコール「カワイイ」にしたのである。

カワイイと認知された女子高生は、その延長上にあらたな女子大生を生むことになった。その前段階が、一九九五年から九七年にピークをもたらす第二次女子高生ブームである。このブームでのカワイイは、肌の露出にあわせたファッション傾向にみるエロチックである。このブームでは、多様な女子高生ギャルを誕生させた(22)。

〝カワイイ〟と女子大生

ギャル文化に押され気味の女子大生たちは、二〇〇〇年代に入り、あらたなコンサバ系ファッションで、「誰にでも愛されるファッション」としてのカワイイが注目された。第二次女子大生ブームに近い現象が起こった。特定の女性誌のモデルに共感し、そのスタイルを模倣したファッションの登場であった(23)。女子大生ブームという呼び方は少々弱いが、一九九五年以降、しばらく低年齢化傾向が続いたブームに、やや持ち直しをみせた女子大生の存在感を浮上させた。それに合わせコンサバ系女性誌の売り上げが急激に上昇したのである。女子大生をブームにするのには、経済状況との関係が重要であることを理解するには十分な二〇〇〇年代初頭の女性誌モデルにみるカワイイであった。

しかし、二〇〇六年頃から次第に女子高生ブームとか女子大生ブームのような呼び方は困難になった。流行やファッション・スタイルの細分化傾向はより浸透を続け、階層構造に沿った

---

(21) 仲川秀樹、二〇〇二年、前掲書、一三一ページ。

(22) 仲川秀樹、二〇〇八年、前掲論文、三九ページ。

(23) 『CanCam』の蛯原友里、押切もえ、山田優の専属モデルによる「お姉さま系ファッション」の人気。

系統別スタイルが主流になったからである。(24)

第2節　メディアにみる〝おしゃれ〟と〝カワイイ〟

1　女子学生にみる〝おしゃれ〟

♥女子大生のおしゃれ誕生

女子大生のおしゃれは、一九七五年の『ＪＪ』創刊にみる。ニュートラ・ファッションからはじまった『ＪＪ』は、数年後にハマトラ・ファッションを提案する。横浜のお嬢さまファッションを背景に、おしゃれをしたい女子学生たちは「ＪＪスタイル」に走った。またたくまに『ＪＪ』とハマトラ・ファッションは、女子学生のトレンドとなった。(25)『ａｎ・ａｎ』と『ｎｏｎ－ｎｏ』が主流の女性誌に、一線を画したスタイルを誕生させることになった。『ＪＪ』で取り上げられたモデルや企画、それはお嬢さま特有のアイテムとしてのブランド品ともなった。それらをトータルコーディネイトしたスタイルを多くの女子学生たちは模倣した。当然、そのスタイルはトレンドとなり、女子学生のおしゃれの誕生となった。

♥メディアとおしゃれの関係性

女子学生のおしゃれは、キャンパス・ファッションとして広がった。『ＪＪ』が元祖のキャ

(24) 仲川秀樹、二〇〇九年、「すべては〝ハマトラ〟からはじまった」『ジャーナリズム&メディア』第二号を参照。

(25) 仲川秀樹、前掲論文、八九ページ。

ンパス・ファッションに呼応するように、一九八〇年代には『ＣａｎＣａｍ』『Ｖｉ Ｖｉ』『Ｒａｙ』も創刊され、『ＪＪ』とあわせた４大女性誌が完成した。[26] それ以降、４大女性誌は、コンサバ・セレブ系ファッションを中心としたスタイルで、時代のキャンパス・ファッションを形成していくことになる。

時代的な後押しもあり、一九七〇年代後半から一九九〇年代初頭まで、ブランド主流のキャンパス・ファッションは、一世を風靡したスタイルをかもし出していった。トレーナー、ポロシャツからギャザーやボックス、センタープリーツのスカート、そしてタイトやセミタイト、ワンレンボディコンなどのスタイルは華麗な時代を象徴するおしゃれとして記憶に残る。

華やかの中心にいたのは、女子学生やＯＬであった。彼女たちのスタイルにあこがれる中高生の存在を見逃してはならない。予備軍としての彼女たちが、自分たちのスタイルを開花させたのが一九九〇年代に入ってからである。ところが時代は、一九八〇年代のような華麗さを漂わせる風潮から離れていった。コンサバ・セレブ系のスタイルから、あまり浪費せずかつ〝カワイイ〟・スタイルを維持する傾向にシフトしていった。

連続するキャンパス・ファッション世代

女子学生のおしゃれをキャンパス・ファッションとして位置づけたのは『ＪＪ』であった。その『ＪＪ』世代が卒業し、年齢を重ねながらおしゃれを提案してきたのが、発行元の光文社であった。光文社は、いち早く女性誌のセグメンテーション化を進めた。それが他の出版社の女性誌系列化を促進させることになった。

女子学生のおしゃれとカワイイのベースになっているキャンパス・ファッションは、コン

(26) 仲川秀樹、二〇〇二年、前掲書、一〇三ページ。

サバ・セレブ系である。その代表が光文社であり、すべてのはじまりは『JJ』にあった。(27)『JJ』読者の年齢に合わせ、二〇代後半向け『CLASSY』(一九八四年)、三〇代向けに『VERY』(一九九五年)、四〇代向けに『STORY』(二〇〇二年)、そして五〇代向けに『HERS』(二〇〇八年)をつぎつぎに創刊させた。二〇〇六年に休刊になってしまったものの、プレ『JJ』として、一〇代後半からの学生向けに『JJbis』(二〇〇一年)の存在を含め、各世代のラインアップが完成した。その系列の源流こそキャンパス・ファッションにあったとみる。

2 女子高生の〝おしゃれ〟へ

付加価値としての〝カワイイ〟

女子学生中心のキャンパス・ファッションに変化の兆しがあらわれたのは、一九九〇年代半ばに入る頃であった。女子高生ブームの到来である。ブームと同時に、ロマンチック・ファッション(パステル調カラーにキャミソール、シースルーデザイン中心の露出系ファッション)が主流となった。ロマンチック・ファッションは、おしゃれやカワイイに対する低年齢化のはじまりである。

一九九七年女子高生ブームとの関係性は、一九九八年初夏にロマンチック・ファッションのキャンパスへの浸透を生み出した。キャンパス・ファッションに変化の兆しが生じた意味はこれである。女子学生の記号が、一九八〇年代のセクシーからエロチックに変わり、付加価値は、「カワイイ」である。(28)

(27) 仲川秀樹、二〇〇九年、前掲論文参照。

(28) 精神的な振るまいが中心だった「かわいい」に対し、「カワイイ」は身体的表現による演出が中心になった。

あらたな「ギャル」との関係

「カワイイ」にリンクするのは「ギャル」である。ギャルの前身は、一九七〇年代「女子大生ギャル」にあった。一九八三年の「オールナイトフジ」の放映によって女子大生ブームはピークを迎えた。(29) そして、一九八五年には、「夕やけにゃんにゃん」放映による第一次女子高生ブームが沸き起こった。(30) これによって単純化された「ギャル」(女子大生)、「コギャル」(女子高生)、「マゴギャル」(女子中学生)というカテゴリーもできあがった。

こうしたギャルの流れは、第二次女子高生ブームにより、キャンパス・ファッションにあらたなウェーブを巻き起こした。その契機は一九九〇年代前半、女子高生「コギャル」である。(31) アムロ、ナオミ・キャンベルらにみるカリスマ・キーパーソンである。彼女たちの流れは、九〇年代後半の「女子高生文化ギャル」を誕生させた。「渋谷１０９」の開店により、特定のショップが注目され、そこでのブランドも全国的に注目された。ショップにはカリスマ店員の存在があった。

「ギャル」イコール「カワイイ」の台頭

あらたな女子高生ギャルの背景には、厚底サンダルを履き、ガングロし、その先には白という交代可能な浜崎あゆみとの同化があった。すなわち『Ｐｏｐｔｅｅｎ』の影響大であった。(32) 4大女性誌とは一線を画したハイティーンを対象とした女性誌が数多く創刊された。

ロマンチック・ファッション浸透の過程には、あらたなギャルの存在が浮き彫りになった。女子高生たちが抱くロマンチック・ファッションの魅力には、カリスマモデルにもある、身体的にもきゃしゃであり、細くみえるラインがポイントである。「下着ファッション」とか「娼婦」

(29) フジテレビジョン、土曜深夜三時～五時三〇分ＯＡ。女子大生が番組内で水着を着用し、ゲームやパフォーマンスを繰り広げる。

(30) フジテレビジョン、平日夕方五時～五時五五分ＯＡ。制服姿の女子高生番組。

(31) コギャル第一世代。ロマンチックに日焼けやメークに長け、逸脱した色彩。

(32) 二〇〇一年一二月実施の『Ｐｏｐｔｅｅｎ』(角川春樹事務所)誌上における調査。広島女学院大学生のフィールドワークとネット調査。

のようにと批判を受けた露出度の高いロマンチック・ファッションも、旬のタレントやキーパーソンの着用により抵抗感も薄れ、何より「ロマンチックは、カワイイ」とそんな声が台頭していった。[33] ファッションやトレンドの低年齢化傾向がより顕著になった一九九〇年代。その先は、ギャルを中心と〝カワイイ〟・スタイルの流行として、あらたなトレンド群をつくりだしていった。

多様化する〝おしゃれ〟

その傾向は、女性誌の世界に顕著にあらわれた。時代のトレンドに沿った雑誌の創刊、雑誌の売上げ数の変化にみることができた。４大女性誌に対し、『ｍｉｎａ』『ｍｉｎｉ』『ＳＣａｗａｉｉ！』のようなストリート・カジュアル系雑誌の人気である。誌面に登場する商品も手頃な価格であり、それにカワイイを押し出した内容は読書層を増加させた。

ストリート・カジュアル系の雑誌の流行は、新規のファッション・スタイルを生み出した。創刊する雑誌の数だけファッションがあるといった傾向を確立させていった。あらたなギャルも登場し、コンサバ・セレブ系以外に複数の系統別ファッションが定着し、カテゴリー別に、階層構造や地域性などの帰属が浮かび上がる。[34]

「おしゃれ」とか「カワイイ」という分類は、社会学的にも、目的に沿った分析が可能となる。マス・メディアと若者の関係性を、本書のなかでも、第２章以降に応用していきたいと考える。

---

(33) 一九九九年女子大生調査。首都圏三女子大学八八人を対象にした質的調査。

(34) 出版社別女性誌ラインアップの浸透が後続の出版社にも定着してきた結果。

第3節　女子学生の声から〝おしゃれ〟と〝カワイイ〟を探る

1　女子学生の〝おしゃれ〟と〝カワイイ〟調査

加速する〝カワイイ〟の細分化

ファッションの細分化にともない、カワイイという意識も加速している。小集団ごとに異なるカワイイ・スタイルがあふれ出ている。おしゃれやカワイイをベースに、分化したスタイルが独自の世界をつくり、それに共感する人たちの階層によって多様なジャンルができあがった。その証拠が月刊発行八〇誌ともいわれる女性誌の種類にある。当然、女性誌に応じたファッション傾向がいくつも存在している。傾向は、出版社年齢別カテゴリーにみられるように、一〇代から五〇代と幅広くカバーしている点である。(35)出版されている女性誌の数だけ読者も細分化されているのである。

そこで、それぞれの読者が女性誌に求めるおしゃれとカワイイの世界について、女子大生二六三名を対象に実施した、質的調査の結果を紹介しながら、女子学生の女性誌選択とファッション傾向についての分析を進めていきたい。(36)

どんな女性誌に〝カワイイ〟と感じるか

まず、女性のよむ女性誌について、「女子学生たちがどんな女性誌にふれ、カワイイと感

(35)　仲川秀樹、二〇〇九年、前掲論文、九〇―九一ページ。

(36)　二〇〇八年女性誌調査。調査対象者、首都圏女子大生二六三人、有効回収二六三人、無効五人。質的調査の詳細は、仲川秀樹、二〇一〇年、前掲論文を参照されたい。

じるか」。つぎに、女性誌の内容に踏み込んだ視点として、「女子学生たちがどんな女性誌のファッションやモデルにカワイイと感じるか」である。その回答を、女性誌系統別に追ってみたい。

〈どんな「女性誌」をみて、〝カワイイ〟と感じるか〉

(1)コンサバ・スタンダード系

☆4大女性誌の結果からみると

『JJ』（五人）
『CanCam』（七一人）
『ViVi』（二二人）
『Ray』（二四人）

四誌の合計で、一二二人。全体の四六・四%を占めた。以下、すべて二六三人中。

☆4大女性誌プラス

『PINKY』（一〇人）

プラス一誌を入れ、一三二人。全体の半分に近い五〇・二%という数字が出る。

コンサバ系の女性誌の割合が高い。

☆正統派女性誌

『With』（一人）
『GLAMOROUS』（一人）

☆スタンダードな全国区女性誌である

『non-no』（四一人）

一誌で、一五・六％と安定した数字を出している。

(2) カジュアル・ストリート・ギャル・リアルトレンド系

☆ストリート・カジュアル系の代表として

『SEDA』（八人）

『sweet』（七人）

『mina』（六人）

『Zipper』（五人）

『CUTiE』（四人）

『mini』（二人）

『spring』（一人）

七誌の合計は、三三人で、全体の一二・五％。

☆シンプル・カジュアル系

『PS』（六人）

『soup』（六人）

『JILLE』（二人）

三誌の合計は、一四人で、五・三％。

☆ギャル系

『Popteen』（二人）

『BLENDA』（二人）

『小悪魔ageha』（二人）

『ＪＥＬＬＹ』　（三人）

ギャル系四誌では、九人、三・四％。

☆ゴスロリ系

『ＫＥＲＡ』　（二人）

以上の、カジュアル、ギャル、ゴスロリ系の総合計は、五八人。全体の二一・〇％。

（3）調査票から女性誌の分類不可の回答

☆分類不能

複数の系統別女性誌とファッションが並列　（二五人）九・五％。

☆無効

記載なし（読まない）　（五人）

分類不能と無効を合わせ、三〇人、全体の一一・四％。

属性によるカワイイの傾向

全体の傾向として、コンサバ系女性誌の占有率が高いのに注目する。とくに4大女性誌を支持した数字だけで、全体の半分に迫っている。それに対し、ギャル系雑誌の支持はかなり低い。準拠集団が女子大学であることはかなりの根拠になっているし、対象女子大学の属性こそ、コンサバ系を選択している環境にあるからとみる。(37)

もう一方で、分類不能におかれた数字は、複数の女性誌を並行によみ、各自のファッションを選択したスタイルをもつ女子学生であること。それに女性誌はよまなくても特定のファッション・スタイルに長けている（あるいは逆）女子学生が存在していることも加えておきたい。

(37) 調査対象大学の属性を加味すると、コンサバ系ファッション・スタイルを選択する根拠が示された結果。

2　女性誌の内容からみた〝おしゃれ〟と〝カワイイ〟

〝おしゃれ〟と〝カワイイ〟の感じる部分

つづいて、コンサバ系女性誌のなかで、内容をよみとり、どんなモデルがおしゃれでカワイイと感じるかを、同じように女子学生の女性誌選択傾向から追ってみる。それぞれの女性誌をカテゴリー化して、女子学生の記述からその特質をみていきたい。

質問項目は、どんな「女性誌」の、どんな部分に〝おしゃれ〟で〝カワイイ〟を感じるかである。４大女性誌とプラスの五誌に特定した。(38)

『ＪＪ』

「『ＪＪ』に載るくらいだから全員が全員カワイイ。とくに顔立ちがはっきりしているモデルをカワイイと感じる。際立ってカワイイと思うのは、目が大きくて、まゆ毛もはっきりしていて、細身の人。太ももの細さや腕の長さなども〝カワイイ〟要素につながっている。」

「『ＪＪ』の読者モデルは、キャンパス・ファッションとしてとても勉強になるし、細かい部分まで気を使っているからとてもカワイイ。髪型やアクセサリーやバックや腕時計、もちろん、メイクも全てカワイイ。」

「『ＪＪ』のモデルは、小顔で、すごく足が細い人が多い。高学歴な女の子が多く、知的な雰囲気もおしゃれでカワイイ。」

(38) キャンパス・ファッションは、４大女性誌が基点でありその動向は不可欠。

「『ＪＪ』のかわいらしさを惹き立てつつも、大人っぽさも出しているようなファッション。」

♥『CanCam』

「大人で清楚で大学生らしいお姉さまファッションを着ている。上下薄い色で、リボンやレースがついている洋服を着ていて上品だと思う感じがカワイイ。」

「大人っぽいけど、どこかにかわいらしさがあり、上品でレディな感じ。自分に似合う服や髪型やメイクがわかっていて、おしゃれを楽しんでいる。」

「清楚な感じにみえるファッションを着こなし、コンプレックスも隠せて、すべての年代に受け入れられるようなファッション。」

「『ＣａｎＣａｍ』のカワイイ・ファッション。セクシーさも少し取り入れてあるのに、下品さを感じない。モノトーン調になりがちな所に少し遊び心がある流行カラーの差し色を入れ、小物で人と違うところをアピールしている。」

「『ＣａｎＣａｍ』のモデルは、足がすらっとして、巻き髪で茶色っぽくて、目が大きくて、服がすごく似合っているからカワイイ。」

「ワンピースを着ている読者モデルをみてカワイイと感じる。体がほっそりとしている色白な人。大人っぽいファッションで、リボンがついている、女の子らしくも。」

「『ＣａｎＣａｍ』の女子大生とＯＬのあいだで、大人っぽさもあり、可愛さもある、きれいめなファッション。」

「ブランドで固めた華やかなファッション。」

「『ＣａｎＣａｍ』モデルのカワイイ。どんな服を着てもカッコいいよりは、カワイイ感じになるし、スカートやフリルや花柄など、女の子っぽい服がすごく似合う。髪形もロングで巻いていて、メイクもブラウンなどの落ちついた感じより、ピンクなどをする方が多く、カワイイと感じる。」

「『ＣａｎＣａｍ』に出ているお嬢さまファッションをしている読者モデルや、清楚なファッションをしているスタイルをみると〝カワイイ〟と感じる。」

「『ＣａｎＣａｍ』の読者モデルがカワイイ。気取っている様子もなく、服装は一見カジュアルなのに、やはりどこかに上品さがしっかりあるような感じ。読者モデルは、身近にいるような感じで、自分と近い存在にいそうな人、本当にカワイイ。『ＣａｎＣａｍ』は、〝カワイイ〟〝女の子らしい〟の象徴。」

「上品な女性のようなファッション。大人っぽい感じのお姉系ファッションであり、清楚な感じで、お嬢さまっぽく、女らしさが出ている。スカートやワンピースはもちろん、パンツをはいても、上品さが失われないようなファッション。」

「『ＣａｎＣａｍ』の顔で、美人でスタイルがいい人をみるとカワイイと感じる。」

「『ＣａｎＣａｍ』のおしゃれな女の子みんな。」

「『ＣａｎＣａｍ』は、モデルも読者モデルもみんな美人でかわいい。ＯＬみたいに大人っぽくすぎない、でもお姉系で女子大生って感じがする。」

「女子大生やＯＬの人が自分に合ったおしゃれをしている読者モデルの人はカワイイ。化粧もそんなにナチュラルではなくて、きっちりしている感じ。」

「カジュアルなファッションも着こなせて、さまざまなファッションを取りあつかう。私物もカッコよくカワイイ、小物の取り入れ方が上手な読者モデルもスタイルが良く、ジーンズがきれいにはけて、スカートをはいてブーツをはいて似合ってカワイイ。自己流のファッションができる。真似できないファッションなども雑誌をみる中でカワイイと思う。『ＣａｎＣａｍ』のスナップ写真のページはとくにそう。」

「『ＣａｎＣａｍ』のキラキラメイク。顔も可愛く、スタイルも良い、でも真似できなそうな読者モデルが好き。『ＣａｎＣａｍ』の「可愛い系」ファッション。上品で女の子らしい洋服。春はパステル系で可愛く、冬はモノトーン調で上品でドーリーなファッション。」

♥『ViVi』

「『ＶｉＶｉ』は、読者モデルが多く載っているし、内容も濃く、流行がチェックしやすい。読者モデルは、やっぱり細くてスタイルが良く、ハーフっぽい顔の人がカワイイなって感じる。色物を派手になりすぎず、上手に着こなしている人もカワイイと感じる。カッコいい系〜カワイイ系のあらゆるジャンルが載っている。」

「顔がかわいい人。女の子っぽい優しい顔をしている子。目がパッチリしていて、鼻筋が通っている人。かわいくて細い子。でも細すぎない子。女の子っぽいファッション。パステルカラーで素材がモコモコ。リボンやファーやドット柄やアーガイル柄のどれかが入っている服。黒とピンクや薄むらさきと薄ピンクなどの色の組み合わせ。」

「『ＶｉＶｉ』は、読者モデルがたくさん出ているので、いろんな〝かわいさ〟がある。ロックな感じのスタイルのかわいさや、ふぁふぁした感じのスタイルのかわいさや、アメカジスタイルのかわいさなどいろいろある。『Ｖ·ｉＶ·ｉ』のロックな感じのスタイルは、ロックすぎずに女の子らしさを取り入れているので、すごくかわいい。」

「関西圏の読者モデル。神戸系ファッションで、巻き髪で自分のことを研究して、自分のみせ方をよくわかっている人。肌がきれいな人。ハイウエストのスカートを着こなせる足のきれいな人。」

「笑顔がかわいいと思うモデルで、自然な感じがする。外国人顔のきりっとしたモデル。」

「色使いが上手なポップな感じのファッション。」

「女の子らしいのに元気さが伝わってくるようなファッション。」

「ポップ系カジュアルみたいなファッション。『ViVi』は、足を出したり、身体ラインを出す感じのファッションが多い。やせていないと着られない。」

「同じ大学生がファッションはもちろんだけど、身体の内側から美を追求している読者モデルをみるとかわいい。女の子らしくても、フリフリはしてなくて、でもドーリーな感じがすごく好きなファッション。」

「外国人が多いのでなかなか難しい。けど、みていてかわいい。そしてかっこいいところもある。読者モデルは学生がいるからいい。かわいらしい。」

「モコモコした服や、アクセントのついた女の子らしい服がかわいい。」

「ハーフ顔で手足が長くて、細い体系。モデルのキャラクターに合っているファッションをしている。ビビットカラーの服をきている。」

「パステルカラーも可愛いし、モノトーンでも可愛いと思う。女の子らしくてリボンやドット柄がとても魅力的にみえる。」

「『ViVi』は身長が高い外国人のイメージのような、〝かっこよくて、カワイイ・ファッション。」

♡『Ray』

「スタイルが良くて私物（バックの中）とか、かわいいものを持ち歩いている人。洋服も色使いがうまく、小物もうまく使いこなして〝かわいい♡〟。髪もキラキラ、つやつや、巻き髪も上手にセットされているとなおさらカワイイ。『Ray』のかわいすぎず、かっこよすぎず、ほどよいバランスのコーディネイトがいい。」

「『Ray』は、大人っぽいけど、きっちりしていないカワイイ・ファッション。」

「『Ray』などの読者モデルで、女の子らしくて顔がかわいい人をみて〝カワイイ♡〟と感じる。自分に似合うけど、かわいすぎなく、ブリッ子すぎないファッション。」

「お姉さん系の服を着ているモデルさん、かわいい髪型、やりたいネイルなどをしているモデルさんがかわいい。メイクが上手な人もかわいい。」

「お嬢さまのような清潔感があるカワイイ・ファッション。」

「『Ray』読者からみた笑顔の可愛いモデルさんは、〝カワイイ〟という印象を受ける。持ち物なども自分でかえるようなもの、そこまで高額でないものなど、多くの〝カワイイ〟グッズを紹介してくれる。ファッションは、最近では、〝カワイイ〟というより〝大人カワイイ〟という感じのスタイルをモデルさんが着こなしているのも〝カワイイ〟と感じた。」

「『CanCam』まではいかないくらいの、ほどほどのお姉系ファッション。」

「『Ray』に登場してくる女子大生の読者モデルの人びとの持ち物をみて〝カワイイ〟。とても身近だし、自分にでもできそうな気がする。世間の女子大生のあいだでの流行がいち早くわかる気がする。登場してくる服もお手ごろだし、いろんな着こなしが勉強できる。」

「『Ray』は、お姉すぎないキレイめの感じのファッションやスタンダードな格好だけど、おしゃれさがあるファッションがいい。」

「お嬢さま系ファッション。リボンがついている服。ひらひらのスカート。シンプルだけどかわいいTシャツ、大き目のベルト、長めのスカート。ファーがついたきれいな白いコート。」

「『Ｒａｙ』の読者モデルは、ファッションもかわいいし、小物や髪型などさまざまな部分に気を使っている。全体的にお嬢さま的なファッションが多いと思うが、そのどれも、とにかくかわいい。大人っぽくてキレイ・かわいいファッション。スカートや上着・アクセ。キレイな花柄の服、大人っぽいシンプルなワンピ。読者モデルは、プロのモデルとは違って、自分のファッションセンスを使って雑誌の撮影などに挑戦している。」

「キレイ、カワイイ・ファッション」

「『Ｒａｙ』のモデルさんをみて、かわいいと感じる。同じ大学生で、学校に通っていて、どうしてこんなにかわいいのだろう。大学生なのに身近に感じられる。こういう着こなしをすれば良いとわかりやすい。『Ｒａｙ』に載っているようなピンクのワンピースに小さなレースやリボンがついて、さりげなくおしゃれなファッション。女の子らしいファッションが好き。」

「親近感をもちやすく、安くてカワイイブランドの紹介や、ファッションのポイントなど、自分がすぐに取り入れやすい、真似しやすい対象である。」

「お嬢さま系ファッションのハートやリボン、レース、ラインストーンなど、〝女の子〟なイメージのものを取り入れたファッションを、〝かわいい〟と思う。」

「雑誌の顔から服装全体のトータル的なバランスと、その人なりの似合っている感じをみてカワイイと思う。『Ｒａｙ』の読者モデルは、全体的に他の雑誌よりも顔がカワイイと思う。持ち物などもブランド物が多くて、しかもそれが新作とか、勉強になる。カワイイと思うから勉強になる。」

♡『PINKY』

「少しお姉系を取り入れつつ、カジュアルな小物などを合わせるファッション。」

「あんまりギャルではない人、誰でも真似しやすい人、ラフな格好なのにおしゃれな人。パーカーやショートパンツ、タイツ、ブーツとか組み合わせ。」

「細くて外国人のような大きな目をしている子が似合う。」

「楽な服装だけど、トレンドを取り入れたスタイル。」

「『PINKY』のカジュアルだけど、カジュアルすぎない女の子らしさもあるファッション。シンプルだけどおしゃれに着こなしている読者モデルの存在。」

「自分の年齢に近くて、洋服の組み合わせや着方がうまい人を〝カワイイ〟と感じる。可愛過ぎず、かっこよさも少し取り入れているファッション。」

「自分の年代と近いモデルが出ている『PINKY』の読者モデル。」

「服装は清楚っぽいが、ちょっと元気っぽい感じがすごく好き。顔もスタイルもすごくよくて、全部かわいいと思う。」

以上、コンサバ系の女性誌の内容とモデルなどから女子学生が選択した〝おしゃれ〟と〝カワイイ〟の記号的部分を取り上げた。ここで取り上げた対象の女子学生たちは、正統派の女性誌をよむ学生が全体の半分近くを示す傾向にあったことを受け。女性誌を4大女性誌プラスに特定した。

3 〝カワイイ〟モデルの進化

♡お嬢さまの再生産

いくつかの論点を整理すると〝おしゃれ〟や〝カワイイ〟モデルの対象は、特定した女子大学の女子学生の属性からか、コンサバ系の多かったことに特徴づけられる。「お嬢さま」という記号はもはや消滅したかのように受けとめられているが、逆に「お姉系」とか「愛され系」に分類するなら、「お嬢さま系」として再生産したファッション傾向をよみとってもいいのではないかと考える。それには属性が重要ではあるが。

二六三人の質的調査の数字のなかで、『JJ』『CanCam』『ViVi』『Ray』に、『PINKY』の4大女性誌プラスの人数は、一三二人。それに『With』『GLAMOROUS』の正統派女性誌の二人を入れた合計は、一三四人（全体の五〇・九％）。全国区として定着した『non-no』は、四一人で（一五・六％）、この女性誌はいつの時代も安定した数字を維持しているから驚きだ。結果的に、コンサバ系と全国区系のトータルは、一七五人（六六・五％）になる。かなり高い数字となり、一九七五年当時の状況に近い傾向をみている気がする。(39)

♡〝カワイイ〟ギャルの勢い

つぎに今日、若い女性たちの主流といわれるストリート・カジュアル系を中心にした〝カワイイ〟系は、リアル、ビジュアル、ファッション情報中心とした『SEDA』、二〇代後半向けの『Sweet』、一〇代後半からの『mina』、個人のしたいリアルに応える『Zipper』、

(39)『an・an』『non-no』の全国区女性誌と差別化を図る目的で創刊された『JJ』。その時代性に沿った傾向。

宝島社の年齢別女性誌の一〇代半ごろから終わりの『CUTiE』、一〇代終わりから二〇代はじめの『mini』、二〇代前半から半ばを対象とする『spring』の七誌で、三三人（一二・五％）。

さらに、シンプルなカジュアルからおしゃれを広くカバーする『PS』『soup』、ストリート系も充実の『JILLE』の三誌で、一四人（五・三％）。そして、人気の『Popteen』、大人ギャルの『BLENDA』、姫ギャルもあり、話題の『小悪魔ageha』『JELLY』の四誌で、九人（三・四％）。ファンが急激に増加したゴスロリ系の『KERA』は二人。ストリート・カジュアル、ギャル系などのトータルは、五八人（二二・〇％）となる。

フィッシングする〝カワイイ〟

この系統の数字をみる限り、女子大生のなかでは予想以上に低いと感じた。とくに近年、宝島社系の女性誌の売り上げ増加は話題になっている。女性誌総売り上げの数字からみれば、コンサバ系の数字と逆転している。しかし、女子学生キャンパス・ファッションとして、調査対象大学を特定すれば、女子大ごとの傾向の違いは明らかのようだ。

ここで重要なことは、キャンパス・ファッションを中心としたこれまでの研究成果は、かたくなに『JJ』『CanCam』『ViVi』『Ray』の4大女性誌を特定してきた経緯がある。今回の調査では、コンサバ系の女性誌が落ち込むことで、一般的にいわれているこのパターンの女性が減少したとみるのは短絡的すぎるということも判明した。どのような時代背景があるにせよ、キャンパス・ファッションのスタイルをするのは女子大生であり、歴史的に静態的な生活スタイルを継続してきた階層は、ほぼ変わらないということになる。むしろ、動態的にフィッシングする階層はつねにメディアの注目をあびている(40)。この集団こそ、マーケターの動きに左右され、女性誌のファッド化に貢献していると考えられるのではないか。

〝カワイイ〟に隠された課題

階層構造によるファッション傾向、つまり生活スタイルにおけるファッド化の進行は続いている。それゆえマス・メディアの情報環境によって提示された議題は、こと〝おしゃれ〟と〝カワイイ〟において、明確なカテゴリー化が完成していることにある。水平的ファッション全盛とはいえ、垂直的なファッションも、一定水準維持していることに注目したい。

『JJ』の売り上げが激減し、コンサバ系女性誌が厳しいといわれても、シンボリックな〝おしゃれ〟と〝カワイイ〟の意味は、一九七五年の『JJ』創刊時と共通する部分があるという見方を示したい。『an・an』『non-no』全盛期に『JJ』が創刊した事由と、それを追うように『CanCam』『ViVi』『Ray』が創刊された当時の図式は、二〇一〇年、あらためて社会的分化の必然性を問いかけているように思えてならない。

女性誌発行部数の推移の背景にあるのは、固定した階層構造による読者層と、時代の変動において浮遊を繰り返す読者層とのせめぎあいである。そこに視点が集中してしまうと正確な流行やファッションのトレンドをよみとることが困難になるだろう。数字の上下も重要だが、帰属や属性の根拠となる集合的嗜好、そのバックグランドに内在する人びとの女性誌選択行為から、より正確なファッション傾向をみることも考えていくべきである。

4大女性誌と女子大生読者の関係性、そこにあるコンサバ・セレブ系ファッション、それ以外のストリート・カジュアル系から浮上する〝カワイイ〟ギャルの女子学生や女子高生。ここ

(40) 世論調査や投票行動にみる無党派層・支持政党なしのように、ファッション選択にもそうした層が存在する。

に隠された行動パターンに、〝おしゃれ〟や〝カワイイ〟スタイルの発生するバックグランドをみることができるであろう。そして若い女性をはじめとする若者の選択嗜好には、こうしたスタイルの選択可能なエリアを望む姿勢も明らかになる。

そこで、〝カワイイ〟に隠された一つの課題から、大都市にあこがれる地方都市の若者の必然性を探っていく。本書のサブテーマでもある、都市の若者文化そのものを、トレンド選択の行動パターンからよみとることによって、若者文化の本質そのものがみえてこよう。さらに地方都市再生の道を探る大きな契機になるであろうという可能性をもって。

〈参考文献〉

・仲川秀樹、二〇〇二年、『サブカルチャー社会学』学陽書房

・仲川秀樹、二〇〇五年、『メディア文化の街とアイドル—酒田中町商店街「グリーン・ハウス」「SHIP」から中心市街地活性化へ—』学陽書房

・伊奈正人、一九九九年、『サブカルチャーの社会学』世界思想社

・宮台真司、一九九四年、『制服少女たちの選択』講談社

・宮台真司、石原英樹、大塚明子、一九九三年、『サブカルチャー神話解体—少女・音楽・マンガ・性の三〇年とコミュニケーションの現在—』PARCO出版

・仲川秀樹、二〇〇八年、「マス・メディアとキャンパス・ファッション—分化する女性誌と時代の関係性—」『ジャーナリズム&メディア』創刊第一号、日本大学新聞学研究所

・仲川秀樹、二〇〇九年、「すべてはハマトラからはじまった—女性誌の読者層とファッション—」『ジャーナリズム&メディア』第二号、日本大学新聞学研究所

・仲川秀樹、二〇一〇年、「メディアからみる〝おしゃれ〟と〝カワイイ〟の世界—女子学生の女性誌選択とファッション傾向—」『ジャーナリズム&メディア』第三号、日本大学新聞学研究所

第2章 地方都市の〝おしゃれ〟と〝カワイイ〟を考える

第1節　トレンドの街としての「酒田」を考える

1　メディア環境の充実

おしゃれとカワイイをメインに

おしゃれとカワイイのテーマを地方都市からみていきたい。第1章では、女性誌の分類からおしゃれとカワイイの属性などを考えることができた。基本的にこのテーマは若い人たちの関心事と強い関係を示す。地方都市や中心市街地のもっとも大きな問題は、若い人たちがそこを離れることにあった。つまり「街を捨てる」は地方都市にとっても長く続く大きな課題であった。さらに、中心市街地にある商店街の衰退は、郊外型店舗の発展を促進させ、その図式はますます中心商店街を後退させた。

どうしたら人が集まるのか、対策はいかにすべきか、その議論はここではおこなわない。この課題に応えるべく研究成果はすでに報告済みだからである。(1)

しかしながら、社会の変動過程のなかで、より時代のシステムに沿ったスタイルをもち課題に対応することが、その街の生成につながるという判断のもとに、あらたな視点で地方都市を考えてみようというのが、本書のもう一つの意図である。それがおしゃれとカワイイをメインにした地域の若者文化を探る試みである。

♥トレンドの街

若者文化の対象とする地方都市は、酒田市である。本書では、酒田をトレンドの街という前提を通してみていく。その理由は、酒田を「メディア文化の街」として位置づけたことにある。(2)具体的には、「映画と食事」をエンターテインメントの次元によってとらえたことからはじまった。この論点を明らかにするには、酒田のメディア文化的な歴史と側面を語る必要がある。この点については、既に語っているので、本書ではポイントだけを絞り込んだものを記すことにとどめる。(3)

まず酒田の「映画」については、一九七〇年代、世界に誇示できるシネマ・コンプレックスの設備を誇った洋画専門館が存在していたこと。大作の上映にあたり、東京―酒田同時公開ロードショーをおこなっていること。そこには、おしゃれをして集い、映画プラスの要素が存在した空間であった。

「食事」の部分は、日本を代表するフレンチレストランがあったこと。訪れた多くの作家や著名人、そこから育っていった料理人の存在があったこと。一地方都市で大都市に匹敵する食

---

(1) 仲川秀樹、二〇〇四年、「地方都市活性化の試みと世代間にみる影響の流れ―酒田・中町商店街活性化のプロジェクト意識をめぐって―」『二〇〇三年フィールドワーク報告書』日本大学文理学部。

(2) 仲川秀樹、二〇〇五年、『メディア文化の街とアイドル―酒田中町商店街「グリーン・ハウス」「SHIP」から中心市街地活性化へ―』学陽書房。

(3) 仲川秀樹、二〇〇六年、『もう一つの地域社会論―酒田大火三〇年、メディア文化の街ふたたび―』学文社。

事環境を提供し続けている事実があること。

映画と食事のエリアこそ、酒田の中心市街地「中町商店街」である。このエリアには独自のファッション・スタイルもあり、それが「おしゃれをして中町に出かける」の合言葉にもなっていた。

若者文化のエリア

メディア文化の要素をそろえ、映画と食事に関しては、大都市とのタイムラグがなかったことは、若者にコンプレックスを抱かせない効果があった。結論を先にいえば、「若者にとって、メディア環境の充実」がもっとも重要な条件である(4)。メディア環境の充実にまさる魅力はない。絶対条件ではないにしろ、若者が向う先には必ずメディア環境の存在があることに注目すべきであろう。

中町は、一九七六年の酒田大火によってメインエリアとメディア環境が消失するまで、すべての条件をそなえる若者文化のエリアであった。しかし、大火で消失した影響は計り知れず、三〇数年を経たいま、大きな岐路に立たされている。本書の取り組みにも、中町のあり方に対して、関係方面の声を反映させ、メディア文化の街の維持に不可欠な問題提示も多数盛り込んだ構成になっている。

---

(4) マスコミ4媒体(テレビ・ラジオ・新聞・雑誌)プラス映画環境がリアルタイムで受容できること。

2 伝統的なストリート

♡メインストリート「中町」

通称、「中町・なかまち」は、山形県酒田市の中心部に位置し、約八〇〇メートルの商店街を形成している。周辺には、市役所や病院、公園などの施設が整い、交通整備も完成され、わかりやすい立地になっている。商店街の中心には、百貨店もあり、それを取り囲むようなストリートになっている。百貨店周辺には「中町モール」と呼ばれる空間がある。イベントがあればそこがメイン会場になり、ベンチも常備され、車の心配もないアメニティ十分の青空エリアである。

他の著書でも紹介したように、中町商店街は、中町中和会、中通り商店街、大通り商店街、たくみ通り商店街、を総称して呼ばれていた。組織的には、酒田なかまち商店街振興組合連合会のなかに、中町中和会振興組合、中通り商店街振興組合、大通り商店街振興組合、たくみ通り商店街振興組合の各組合が単位でおかれていた。ただ、酒田大火前は、中町商店街と大通り商店街、そしてたくみ通り商店街は、中町とは区分されていた。(5) にもかかわらず、中町というネーミングは関係店舗には、老舗の意味もあり、名乗らないではいられないほどの思い入れがあるのも見逃せない。

♡「中町ファッション」の地

酒田市の中心市街地に位置する中町商店街は、日常と非日常の楽しさを演出するエリアで

(5) 一般的には、旧中町であり、マリーン5清水屋を中心に、希望ホール正面から中町にクロスする十字路をして日和山方面の通りをいう。

あった。何が特異かといえば、「中町に出かける」という行為は、①日常生活を営む近隣市民にとって、ふだんの生活スタイルをカバーするには十分な場であったこと。②市街地周辺（市外）の人びとにとって、日常から離れた非日常的な娯楽を満喫するために訪れる場であったこと。

とくに、非日常的な時間を楽しむ人たちにとっては、中町のために特別の服装をすることにあった。お出かけファッション的に、「中町に行く」という行為は、おしゃれをしてその空間を楽しむことにほかならない。それだけ娯楽性のある街であり、そこに集う人たちのスタイルを「中町ファッション」と呼んだ(6)。

一九七〇年代後半をピークに、中町には主要なお店が揃っていた。中町に出かければ、衣服も、雑貨も食材も、何でも手に入った。百貨店もあり、余暇時間の過ごし方にはことかかない。買い物、食事なども充実していた。

二〇一〇年の春、「中町ファッション」はある一定の年齢層には、懐かしさとともに、中町の存在を振り返る特殊な言い回しになってしまった。文化的な生活レベルを充足させるには、衣食住の充実が不可欠である。中町はおしゃれがよく似合う街、やすらぎの中町モールがあり、デパート、ブランド専門店、ブティックも数多く並んでいる。ファッション・ストリートそのものである。そして日常的なローカル・コミュニケーションも成立している空間である。

個人で楽しんでも、友人や家族と、それぞれの目的に応じたお店がいっぱいである。そこにいることが中町ファッションをしているであった。

---

(6) 非日常的空間の場としての中町を意味する。今日でも「街に行く」というのは「中町に出かける」という意味が通用している。正確には中町で映画をみて買物と食事をする時のトータルコーディネイトスタイル。

♥中町のシンボル「マリーン5清水屋」

何も若者だけに特有の条件ではないが、首都圏で開催される多くのイベントは、人びとの魅力の一つである。話題となる商品や娯楽的なモデルの数々を入手したいし、みてみたい欲求にかられる。それに応えられるのが、百貨店「マリーン5清水屋（中合清水屋店）」の存在価値であろう。(7) 年間を通した数多くの行事、大都市では日常化している、テーマ別の物産展などの開催である。一番人気の「京都展」は、二〇〇九年で三〇回を数えた。「北海道展」は春と秋に開催され、周辺地域からも集客している。また、地元のスイーツを集めた「おいしいもの展」「全国・諸国の味めぐり展」など、大都市の大手百貨店と共通の催し物は、酒田と首都圏と結ぶ環境を媒体させることになる。大きな満足感となる。

消費行動において、リアルタイムでホットな買い物ができることは魅力であり、大都市をめざす要因の一つでもある。それがエンターテインメントの世界でもリアルタイムの情報キャッチが可能なら、申し分ないことである。

♥年齢層により変化する中町の選択基準

世代間を問わず、娯楽的要素の高いメディア環境に期待する声は高い。問題はここにある。ある一定の年齢に達していれば、百貨店の行事で満足するであろう。中町には、高い年齢層の人びとの指示が圧倒的に高いと思われる。商品の陳列や単価が、しっかりしているだけに、ブランドとしての価値で判断されている。百貨店の存在意義もここにある。

ところが中高生などの若者との中町に対する意識に大きな乖離が生じるようになった。若者のめざすモデルの対象が中町にはそぐわなくなってしまった。若者たちの対象は、TVや雑誌

(7) 創業八五周年、庄内地方唯一のデパート。全国百貨店共通商品券使用可能な老舗。中町商店街の中心に位置する。

にあるホットなコンテンツに関連したモデルである。CDやゲーム機などのショップも、大型書店の存在、それらの要素をその街で充足可能か否かが若者たちにとっての重要な判断基準なのだ。カバーしてれば集まるし、カバーしてなければ別の場所にいくだけである。きわめて単純な図式でもある。

なかでも、雑誌で取り上げられ、モデルが着用したファッション商品に対する欲求度は高い。その商品をあつかっているか否か、品揃えが豊富か否か、すべての選択基準はそこにある。第1章でもあつかった女性誌、第3章の高校生調査の結果などにもその根拠があらわれている。「若者の行動パターンどこにあるのか」、「どことはメディア環境にある」、そんな仮説のさらなる検証によって、中心市街地が抱えている課題と解決策を考えた。

第2節 〝おしゃれ〟な「シアター」と「レストラン」があった街

1 ふたたび「グリーン・ハウス」のこと

♥シンボルだった「グリーン・ハウス」

エンターテインメントの世界がリアルタイムで可能だった。しかし酒田大火が。

酒田がトレンドの街であることを象徴していた洋画専門館。それが「グリーン・ハウス」であった。(8) これまでもこれからも永遠に語りつがれるであろう「グリーン・ハウス」という洋画

(8) 一九七六年の酒田大火出火元となり消失。一九七〇年代当時、東北の地方都市に複合型映画施設を誇っていた洋画専門館、「世界一の映画館と謳われた」。

専門の映画館。酒田をメディア文化の街に位置づけた根底がこの映画館の存在にあった。

映画を観に行くという行為に、おしゃれをして出かけるという付加価値がついたエンターテインメントの世界、特別の空間がグリーン・ハウスであった。

どんなシアター

大作や話題の映画上映にあたっては、東京—酒田同時ロードショー公開が原則だった。大都市と酒田にはタイムラグが存在しなかった。作品を配給先から独自に入手し、上映できた。上映開始は「ムーンライト・セレナーデ」によって知らされた。館内には一切の広告がなかった。

和洋の特別室が設置されていた。ソファー用椅子にテーブルが置かれた喫煙席があった。ロビーにはお茶と新聞と雑誌が用意されていた。一九七〇年代にこうした空間が完備された映画館が東北の一地方都市に存在していた。シネマ・コンプレックスの先がけであったことに注目した。若者たちはこの環境に特別の敬意を払った。それがプライドとなった。

オーディエンスに応えたインフラ

シネコンの先がけとした最大の理由は、ロードショー劇場以外に、名画を上映する定員一〇名の「シネ・サロン」という小劇場があった。通常の劇場は新作中心であったが、シネ・サロンは、一週間単位で作品が入れ替わり、毎日午後一時からの上映となっていた。料金は、大人二〇〇円、学生一五〇円で名画を楽しめることができた。オーディエンスのための抜群のシネマ環境になっていた。(9)

各上映作品のラインアップは、毎月発行する横長二つ折の、通称・予定表と呼ばれている解

(9) 主婦やサラリーマンたちの息抜きにも使われていた。

説付きの「グリーン・ハウスニュース」。また、各上映作品用には、「グリーンイヤーズ」という解説パンフレットが発行されていた。

おしゃれなフロア

グリーン・ハウスは洋画専門館でありながら、館内までのギャラリーには、バッグや小物がショーウインドウに飾られ、ショッピングを楽しむだけでも利用できた。外観からはとても映画館とは思えないのがグリーン・ハウスの特徴であった。まさにおしゃれな空間ということばがぴったりであり、グリーン・ハウスを知っている酒田の人びとの共通認識である。

また、館内ロビー脇には喫茶室があった。使用するコーヒー豆も特別のものであった(10)。おとなしか入れない特別のエリアであった。グリーン・ハウスの従業員はみな女性であり、担当は持ち回りで、ショップから観覧券売り場、喫茶室担当と、たえず華やかに動き回っていた。結婚しても仕事を続けられる環境であり、一九七〇年代当時に、女性をサポートした雇用体制を確立していた。男女雇用機会均等法などまだ施行されていない当時に確立されていたスタイルもまた、グリーン・ハウスの存在を高めることになった(11)。

2　本格的〝おしゃれ〟レストラン

おしゃれなレストラン「ル・ポットフー」と「欅」の意味

グリーン・ハウスで使用していたコーヒーと同じ豆を使用しているのが、レストラン「ル・ポットフー」と「欅」である(12)。映画館同様、地方都市に登場した本格レストラン、多くの芸術

(10)　東京虎ノ門「カクテール堂」産。いまでも酒田の一部レストランと喫茶店にて使用。

(11)　仲川秀樹、二〇〇六年、前掲書、一六―一七ページ。

(12)　多くの料理人を育て、日本有数の本格的フランス料理店、「欅」(一九六七年一二月一日開店)と「ル・ポットフー」(一九七三年九月一日開店)。

家や文豪、著名人に認められた味は、いまなお酒田の食のシンボルになっている。

いまでこそ地元の食材を合言葉にしたレストランは数多いが、当時、両レストランとも、既に地元の海や山の物を食材にしたメニューを全国に先がけ提供していた。レストランらしく、ゲストのファッションにも注文をつけていた。

とくに、「欅」は、一九六〇年代後半に開店し、すでに本格的フレンチレストランであり、地方都市にありながら大都市レストラン以上の食事環境を提供した。少し遅れて一九七〇年に入り、「ル・ポットフー」も同じ系列のスタイルをとりながら、営業をはじめた。今日では、酒田を訪れるツーリストは必ず立ち寄るレストランになっている。[13]

♡首都圏とのタイムラグを解消した

おしゃれな映画館とレストランの存在は、娯楽と食事の両面では、大都市との時間差を感じさせない満足感をもたらした。日常的に映画を楽しめる、非日常的にはレストランを訪れる、日常と非日常から得られるバランスから、ある種のプライドを酒田市民に植えつけさせた。プライドとは、「田舎に住みながらも大都市のスタイルを楽しめる」ということである。

ただし、地方都市は大都市のようなわけにはいかず、すべてをカバーすることは不可能である。ゆえに「映画と食事の文化的側面の維持」だけでも大きな意味をもった。この文化的側面こそ、何度も記すようにメディア文化の街たる根拠になっている。

ここで指摘したメディア文化的な環境は、ほとんどが中心市街地の中町に集中している。中町に出かける意味こそ、娯楽と消費を満足させるためにある。都市部と農村部という区分が適切かどうかは別にして、広大な庄内平野をもつ酒田市では、農村部の人たちが、中町に来る意

(13) 観光ツアーでは、レストラン「ル・ポットフー」でランチ。「欅」にてフレンチを。平日ランチは、OLやミセス層でほぼ満席。

味は非常に大きなものがある。農閑期など、「街へ行く」とは「中町へ行く」ことである。いまなお、都市部の人たちでさえ、発する言い回しである。(14)

3 〝おしゃれ〟なストリートとファッション

「中町ファッション」

中町に出かけることは「街に行く」ことであり、「おしゃれをする」というスタイルにつながっていく。一九七〇〜一九八〇年代に頻繁に用いられた「中町ファッション」。二〇一〇年のいまなお、四〇代以上には健在して語られている言葉である。中町に行くには、それなりの着こなしをするのは暗黙の了解であり、エプロン姿で買い物をしている婦人たちは、中町に居住している人たちとわかりやすい。

週末や休日、夕方以降の人の流れに、中町ファッションをみることができる。大都市でも、一区現象にあるようなストリートには、同様のスタイルが選択されている。目的に合わせた社会的行為は、全国に共通している事実であろう。

フィールドワークで提示したファッション・ルート

二〇〇五年の調査では中町ファッションから結んだファッション・ルートを提示した。(15) 中町への目的から探ると、映画を観て百貨店で買い物し、食事をして帰る。オーソドックス余暇の過ごし方であった。しかしそれは、ある一定の年齢層ではいまだに共通しているが、若者たちには中町の意味が違うようだ。中高生は制服姿で、ジェラートを食べる以外は、他の消費ス

(14) 中町にあるレストラン、和食の老舗。酒田の味を提供。買い物の後、そこで食事をする一連のパターン。

(15) 「街に行く」を具体化したオーソドックスなルート。

ポットに出かける。百貨店にはまず入らない、入るのは親と一緒の時、そんな傾向は強い。なぜなら、中町は価格の高いものが揃うストリートであること。中高生はそれを承知している。はじめて中町を訪れた人びとは、みなきれいなストリートであると驚く。廃れている商店街のイメージで見ようという感があるから。客がいるかということは別にして、確かに清潔で整っている。酒田市内のメインエリアであることは疑い得ないし、お店は揃っている。

ファッションに長けたショップ

ショップの揃う商店街でもあり、和洋問わず、とにかく洋品店は多い。ファッション関係は、大概カバーされている。フォーシーズンの区切りに用意されている商品選択は豊富で、集中するのも春と秋が多い。

ところが若い人向けのファッションに応えるお店が少ないこと。百貨店のワンフロアーに若者向けのブランド品をあつかうお店はあるが価格は高いことと、ポピュラーになっている手頃な商品選択が難しいこと。雑誌などで、中高生が〝カワイイ〟と手に取り、気軽の購入できる品物は、郊外にでかけないと入手できない。ブランド品、高級品、オーダー品などは、若い人たちに手軽とは必ずしもいえない。ジレンマでありながら、中町は高級志向という特長でくくられる場合も多い。

課題を抱えながら

いろんな楽しみ方があり、おしゃれなファッション・スポットもあり、清潔感ある街並みは事実である。しかし、地元の若者たちからの支持は必ずしも高くない。雑誌的なスタイルで、中町モールをアイスならぬジェラートを片手にブラブラもできるのだが、それだけでは決して満足しない若者たち。

前著でも書いたとおり、「直接的ファッションに身を包み、ジェラートを持ちながら中町モールを歩く。とても健康的に思える。〝中町ブラブラ〟のよさには文化的な環境を発見する楽しみも似合う。雑誌にあるファッションで中町を歩けば、自分も都会と同じような気持ちを抱くことにもなる」、「地元でお洒落な街を意識できれば、高校を卒業しても、酒田のよさが自信につながるだろう。自分の出身地にコンプレックスをもつことはよくない。トラディショナルなファッション・ルートを充足し、それを楽しむような行為に進展すれば、酒田、中町も誇りになるような街にすることができる」(16)。

前回のフィールドワークで高校生たちが語ったのは、「中町に無料休憩スペースがほしい」、「ベンチももっとあれば」と。何も若いから疲れて休みたいというより、コミュニケーションする場がほしいのである。郊外型店舗にある共通のフリースペース、若者の願望ははっきりしているのだが。

休憩場所の確保は、中高生だけではない、むしろもっとも必要としているのは高齢者である。高齢者は病院など早い時間から行動する。診察を終えてからお店が開店する時間までの休憩スペースも重要な空間となる。

♥トレンドの選択範囲

中心市街地に若者がいない。いないのは若者に必要とする環境がないからである。環境とはショップのことである。ショップとは、メディアに頻繁に登場し、若者の欲求を高める商品を

(16) 仲川秀樹、二〇〇六年、前掲書、一三四ページ。

あつかっている店舗である。それと若者が相互にコミュニケーション可能な場所である。両環境がカバーされてはじめて若者が集う。きわめて単純な図式でありながら、越えられないハードルである。

メディアで紹介されるブランド商品、ブランドといってもコンサバ系よりカジュアル系が人気のいま、価格は当然低い。ゆえに若者がのぞむのは、百貨店ではないショッピングセンターに入居しているような店舗であり、雑貨屋的な古着ショップなどを指す。若者が必要とするトレンドの選択範囲はそのような空間である。

中心市街地としての役割に応える

その街にあるシンボリックな場所、中町を訪れる人びとの多くは百貨店清水屋をめざす。清水屋を中心として、中町商店街は時を刻み続けてきた。ところが若者たちは百貨店をめざさない。なぜなら百貨店特有の利便性を他に求めているからである。安易に安価でその場を楽しめる空間が、若者のコミュニケーション環境になっている(17)。

何も中町に限ったことではない、全国的な傾向である。若者は百貨店に代わり、手ごろなブランド品が集中しているファッションビルをめざす。対象をどこに置くのか、既存の百貨店は大きな岐路を迎えて、課題も背負い、中心市街地のゆくえを占いながら時間が経過していく。

一九七〇年代に構築した〝おしゃれ〟なストリートである中町、高い年齢層だけでなく、若者たちも集まる街に、メディア文化のより高い次元の空間構築は可能なのか、人びとの目的にバランスよく応えるには。

(17) とにかく安ければいいという風潮は悪循環を生んでいる。質の高いブランド品を求めようとしてもメーカーが安価で商品を出し、質に影響もおよぼす。

第3節　一九七〇年代から二〇〇〇年代のトレンド

1　再生産する文化的空間

「グリーン・ハウス」想い出コンサート効果

二〇〇七年一二月四日、酒田市民会館希望大ホールにて、世界一と謳われた「グリーン・ハウス」を偲ぶ想い出コンサートが開催された。会場の希望ホールには、一三〇〇人の観衆を集めた。

第一部と第二部に分かれた構成で、第一部は、「なつかしいグリーン・ハウス」と題した音楽と当時の作品などが語られた。オープニングの合図はブザーではなく、グリーン・ハウスの上映合図と同じ、「グレンミラー物語」の「ムーンライト・セレナーデ」という演出であった。酒田市民の多くは、グリーン・ハウスで培った懐かしさをわすれてはいない。グレンミラーの曲は、グリーン・ハウスそのものなのだ。ムーンライト・セレナーデが流れた時点で、グリーン・ハウスの上映がはじまった気がした。一九七六年に消失した映画館が甦ったことになる。映画で培ったのはメディア文化の街に住むプライドだった。(18)

一九七六年一〇月、酒田大火の直接の火元になったのはグリーン・ハウスだった。それ以来、グリーン・ハウスのことは語られなくなった。酒田を代表するメディア文化の象徴だった場所を語ることができない。多くの市民はグリーン・ハウスの想い出の日々を封印したのだった。(19)

---

(18)　「グリーン・ハウス」の名前に市民は誇りをもって酔いしれた。

(19)　酒田大火三〇年が過ぎ、封印していた「グリーン・ハウス」の想いをふたたびという趣旨もあった。

入場料金四〇〇〇円も払って会場に集まった人びとは、予想していない一〇〇〇人を超えたことに、その想いを感じないではいられなかった。

想い出コンサート会場内ロビーにて、当時の館内の喫茶室「緑館茶房」で出されたシュークリームも再現され、コーヒーも同じ豆を使用したものが提供された。その他にも「ル・ポットフー」や「欅」仕様のパンやお菓子などが用意された。「グリーン・ハウス」とは、洋画専門館であるとともに、多くのオプションがついたシネコンを超えるエンターテインメント空間であったことを再認識した。決して脚色したものではなく、三〇数年も前の一九七六年当時、存在した施設である。(20)

第二部の「賑わいの街、酒田想い出ばなし」では、発起人の一人である著者もステージに上がり、想いを語った。これを契機に地元ではあらたな動きがはじまった。

文化的環境の再生産

「酒田の街かど映画館事業に注目」。著者の記した新聞の見出しである。(21)酒田が酒田でなくなった。その実感は、一九七六年(昭和五一年)一〇月二九日の酒田大火以降である。

人が集まる街には必ずシンボルがある。そこをめざして人は集まってくる。酒田の中心市街地にはそんなシンボルが複数あった。中町商店街をメインストリートに柳小路マーケットがクロスし、その中心に「グリーン・ハウス」があった。東京・有楽町界隈にあった、「有楽座」「みゆき座」「スカラ座」「日比谷映画」の規模には到底およばないものの。館内施設については、大都市映画館以上の繊細さがあった。グリーン・ハウスは、ゲストに快適な環境で映画をみて

(20) すべてに当時の「グリーン・ハウス」仕様の商品を提供した。

(21) 『山形新聞』(二〇〇七年一一月九日付夕刊)を参照されたい。

もらうことを主眼においていた。

しかしその洋画専門館は、酒田大火の火元という事実を残して、公に語られることはなくなった。一九七六年、「グリーン・ハウス」は封印された。酒田にあったメディア文化のシンボルは消えた。

そして三〇年が過ぎ去り、二〇〇七年春、酒田市は、「街かど映画館事業」を立ち上げた。中心市街地エリアで映画を上映しようというプロジェクトである。時機を同じくして、酒田市民が中心となって街かど映画館事業に協賛する形で、「グリーン・ハウス想い出コンサート」が実現したのだった。

三〇年の封印を解いて

酒田市民の誰もが承知していることは、市内に映画館がないということ。単独映画館衰退は全国的な流れであり、シネコン主流の昨今、若者たちの映画鑑賞スタイルも変わった。「みる映画を選んでから映画館に行く」のではなく、「映画館に行ってからみる映画を決める」といった行動にシフトしている。学生たちの意見を聞いて驚くものの、それはメインの映画以上にサブである周辺環境に娯楽性をもつ複合機能そのものが背景にあり、仕方のないことでもある。

地元の高校生たちの調査では、「中心市街地の中町で映画をみたい」「映画館があればもっと商店街に出る」といった声は多かった(22)。ただ、単独の映画館をつくり維持していくことは至難の業である。全国のミニシアター系の苦戦がそれをものがたっているし、大都市エリアにあるミニシアターを模倣したらなお厳しい。行政側も常設の映画館を支える余裕もないであろう。むしろ中心市街地の協力を得ながら、三者の関係を構築すべきであると。酒田に残るエンター

(22) 二〇〇五年フィールドワーク、酒田市内高校生とのヒアリング調査にて。

テインメント性のある文化的資源を活かしながら市街地で気軽に映画が上映できる場所を設置し、地味でも永続性をもつ環境をデザインしていくのが必然だと思う。

なぜ、「グリーン・ハウス」が話題になり、いまなお当時を知る人びとに熱く語られてきたのか。グリーン・ハウスは、中心市街地と地元商店街とのトータルエリアのなかで完結していたからである。ノスタルジックにかつての映画環境を中町につくるのではない。中心市街地のあらたなシンボルとして、「映画上映」と「映画館施設」をメディア文化に融合させてこそ、〝おしゃれ〟な二〇〇〇年代的メディア環境が完成すると考える。

いま、酒田の街は、三〇年の封印を解き、あらたなメディア環境の構築を進めている。おしゃれを嗜好するメディア文化の街の未来がかかっている。

2 「中心市街地シアター」の冒険

♡「中町シネ・サロン」の開演

酒田大火から三〇年が経過し、複雑な思いを心に潜みながらも封印を解いて、メディア文化の街を復活する時機を考えていいのではないか。そんな提言を著者も複数の場を通しておこなってきた。想い出コンサートはその契機でもあった。多くの観衆がその思いを伝えてくれた。その第一歩となる試みが二〇〇八年に入り実現することになった。酒田市と中町中和会商店街が協力しながら、「中町シネ・サロン」を立ち上げることになった。中心市街地の旧銀行跡の建物を利用しての中心市街地で映画を上映する試みである。(23)

名称の中町シネ・サロンは、あのグリーン・ハウスの名画座上映施設のシネ・サロンから由

(23) 市街地で映画上映までの道筋は困難を要した。最大のハードルは、上映施設の認可をめぐる消防署との取り決め。酒田大火の事実は、一般市民は風化しても、当局にしてみれば消えることはない。

来している。看板のロゴも当時のシネ・サロンにあわせ色もグリーンであった。映画上映開始合図は、ムーンライト・セレナーデを用いて、往年のグリーン・ハウスと同じスタイルをとる。上映開始前には、コーヒーとドリンクサービス、商店街関係店舗提供のお菓子も販売された。入場定員は五〇名。一一時と一五時の二回上映。料金は七〇〇円となった。

復活第一弾は、二〇〇八年七月二五日、上映作品は『フラガール』。この作品を選んだ理由は、街の復興をテーマにしていることであった。館内には、ポスターやパンフレットなどが展示され、洋画全盛の面影を演出していた。グリーン・ハウス世代のスタッフの思い入れがあった。

毎回の観客の特長は、ある一定の年齢階層であること。若者はほとんど入場していない。上映作品によるところがその理由であるが、中町という場所の問題も否定できない。逆に、中町で映画をみるという年齢は、四〇代以上がほとんどである。個人の観客がほとんどであること。鑑賞終了後には、中町で買い物をしていくこと。

今日主流のシネコンとの相違は、映画鑑賞の前後、とくに終わったあとでどのような行動に走るかである。複合型施設の場合、そこで買い物や食事などで楽しむことが多い。中町シネ・サロンの場合、入場券の半券を持参すれば、チラシに掲載されているお店の粗品（お菓子など）や商品割引の特典がついているものの、商店街に若者のお店がなければシネコンのような機能は成り立たない。逆に、のんびり映画を観て買い物を楽しむ人には最良の映画施設である。

上映作品の特徴

中町シネ・サロンのラインアップから、中心市街地で映画を上映する多彩な背景が浮かび上がる。主催者側の選定と料金、名画中心、近年の話題作など、シーズンにあわせて作品選定されているのが特長である。

第一回上映作品『フラガール』（二〇〇六年、日本）、二〇〇八年七月二五日
第二回上映作品『ジュマンジ』（一九九五年、アメリカ・カナダ）、九月二〇日
第三回上映作品『誰が為に鐘が鳴る』（一九四三年、アメリカ）、一〇月一九日
第四回上映作品『シャレード』（一九六三年、アメリカ）、一一月一六日
第五回上映作品『めぐり逢えたら』（一九九三年、アメリカ）、一二月二一日
第六回上映作品『シコふんじゃった』（一九九二年、日本）、二〇〇九年四月二五日
第七回上映作品『わが谷は緑なりき』（一九四一年、イギリス）、五月二五日
第八回上映作品『武器よさらば』（一九五七年、アメリカ）、六月二七日
第九回上映作品『ミラクルバナナ』（二〇〇五年、日本）、七月二五日
第一〇回上映作品『ラストゲーム　最後の早慶戦』（二〇〇八年、日本）、八月二二日
第一一回上映作品『巴里のアメリカ人』（一九五一年、アメリカ）、九月二六日
第一二回上映作品『エデンの東』（一九五五年、アメリカ）、一〇月一七日
第一三回上映作品『リオ・ブラボー』（一九五九年、アメリカ）、一一月二一日
第一四回上映作品『二〇〇一年宇宙の旅』（一九六八年、イギリス・アメリカ）、一二月一九日
第一五回上映作品『泥棒成金』（一九五五年、アメリカ）、二〇一〇年一月一六日
第一六回上映作品『プライベート・ライアン』（一九九八年、アメリカ）、二月二〇日
第一七回上映作品『遠い空の向こうに』（一九九九年、アメリカ）、三月二〇日

「フラガール」の上映理由は記したが、「シコふんじゃった」は、第八一回アカデミー賞外国語映画賞を受賞した『おくりびと』を記念して、本木雅弘主演作品をあつかった。

♡シネマとおしゃれ「中町でもう一度恋を」

上映作品のラインアップを記載した理由は、おしゃれとの関係性をみるからである。「グリーン・ハウスと中町ファッションそしておしゃれな空間」、それを振り返りながら特集したのが、第三回から第五回上映の作品群である。

共通テーマは、「〝中町でもう一度恋を〟。懐かしくて美しい時代、傍らにいるだけで、二人で歩いているだけで幸せな、淡い恋心。大切なあの人と一緒に、なかまちで懐かしいラブストーリーの続きを。」(24)

このキャッチフレーズには、「中町」という中心市街地の重みを感じないではいられない。一九七〇年代までの賑わいやトレンド性が備わった街が、酒田大火以降、郊外型へと移行する消費行動の流れを受け、浮遊しながらも、トラディショナルな要素を失うことなく、あらたなメディア環境を模索する状況が伝わってくる。

シネマとおしゃれの街「中町」、中心市街地で映画を上映するまで三〇年以上の時間を費やしてしまった。それでももう一度、二〇〇〇年に沿ったシステムで、修正しようとしている。

♡若者文化のノスタルジー

高い年代の人たちが自己満足するために上映を開始したのではなかった。しかし中町にはこんなメディア文化があるというスタンスは、若い人たちにも少しずつ理解がなされるようになった。中町で映画を上映しているという情報は高校生にももたらされた(25)。

新作のロードショー公開は困難な状況はありながらも、近年の作品上映は可能だし、何より市内で映画が観られることを最優先したい。中町シネ・サロンからあらたな映画鑑賞のスタイ

---

(24) これも「中町ファッションをして、グリーン・ハウスで洋画を観ていた頃」をふたたびの感覚のコピーと作品ラインアップ。

(25) 高校生調査のなかで、中町で映画を上映していることを認知。

ルが生まれることも期待したい。まもなく三年目に入ろうとしている。観客は、中高年世代を中心に推移している模様。ノスタルジックに映画を楽しむ、映画そのものが好きで足を運ぶ、さまざまなオーディエンスに応えている。

中町シネ・サロンは、グリーン・ハウス的環境に沿いながら、余暇を中町で過ごすパターンが定着しつつある。市内に映画館がなくなって久しい状況下で、郷愁として若者文化を振り返り、それにつながった現在の若者にも目を向けてもらうそんな環境をめざしているようだ。

♥「港座」復活へ

酒田には洋画専門館としての「グリーン・ハウス」と、邦画専門館で東北一の劇場とうたわれた「港座」があった。両館は洋画と邦画、コーヒーとお酒、すべてに対照的であった(26)。

中町シネ・サロンに合わせるかのように、港座復活の動きが二〇〇六年頃からなされてきた。当時は、年末の大晦日にオールナイトで洋画を特別上映したり、一部の関係者たちは、地道な活動を繰り返しおこなっていた。港座の置かれている現在の町名は、「日吉町」であるが、旧町名は「台町」であった。多くのスナックやバーなどの飲食店が並ぶ、大人のエリアである。

二〇〇九年の新春に市内の関係者たちが発起人となり、「台町と映画を愉しむ会」を立ち上げ、港座復活の活動がはじまった。それに呼応するかのように、港座でロケされた映画『おくりびと』が、アカデミー賞受賞の快挙を成し遂げることにいたった。全くの偶然であったが、それが追い風ともなり、二〇〇九年六月一二日に、港座復活祭として第一回上映会の開催にこぎつけることができた。二〇〇二年一月の閉館以来、七年振りに映画館が甦った。港座は、館内に大中小と三つのスクリーンをもつ、いわば複合型施設をもった劇場である。第一回上映作

(26) 若者と大人と短絡的に比較するものではないが、異なるスタイルで楽しめる。

品は、大劇場で「ローマの休日」、中劇場で「ニューシネマパラダイス」、小劇場で「一二人の怒れる男」が同時進行で上映された。驚くべき復活祭となった。

シネマとお酒

港座復活祭の特長は、夕方になると、ロビーでアルコールの販売がおこなわれていることである。ハイボールと生ビールが中心で、ポップコーンやおつまみも用意されている。ある意味、おとなのおしゃれ空間になっていた。アルコールエリアもうまく区分けされ、映画オンリーの観客と、休憩や終了後にお酒を楽しむ観客と、多様な姿をみることができる。昼間なら、アルコールに代わり草餅などのパック販売もおこなわれている。(27)

対照的といったのは、「中町シネ・サロン」は、「グリーン・ハウス」的スタイルのおしゃれな映画館を前面に出し、コーヒーと和洋菓子中心である。入場券半券を市内の提携店舗に持参するとお菓子などのプレゼント、各商品の割引特典が加算されている。かたや港座は、入場券プラス周辺スナックなどのアルコール類サービスなどの特典で、おとなの世界を演出している。

映画の上映だけではない空間の維持、一九七〇年代まで酒田では主流だった環境も、スムーズに受け入れられるところにこの街の歴史がみえる。

3 「中町モール」を〝おしゃれ〟な空間に

「中町モール」へ若者を

中心市街地にメディア環境の充実を図る上で、映画は欠かせなかった。そして食事について

(27) 夜は、一杯五〇〇円の生ビールとサントリー山崎のハイボール。昼は、周辺地域の和菓子屋さんの特製草もちなどの限定販売。上映前に完売状況。

は、ル・ポットフーや欅から育っていったシェフたちが、市内各地でフレンチのお店を開いている。人気が高く、ランチ時はつねに満員である。週末は待たなくてはならない状況になっている。(28)

中高年にとって抜群の設備が中町には備わっているものの、若者たちの姿はどこにあるのだろう。その結果は、第3章で報告することにして、中心市街地の中町中心部には「中町モール」という歩行者オンリーの貴重な空間がある。中町モールは多くのイベントには最適のエリアで日常なら、ベンチで休んだり、立ち止まってローカル・コミュニケーションができたりと、年齢を問わないセーフティゾーンである。

週末や休日は、ライブやフリーマーケットなど、若者が集える空間でもある。年間を通しても、酒田三大まつりともいえる、一月の「日本海寒鱈まつり」、五月の「酒田まつり」、一〇月の「どんしゃんまつり」のメイン会場にもなっている。また、八月には「夏の縁日まつり」、一二月に入ると師走の風物詩でもあるしめ縄などのお店が立つ。市内でも車が通らない数少ないエリアであり、歩行者天国のような環境になっている。

中高生のおしゃれ空間の可能性

この中町モールこそ、中高生の中町へ出かけるきっかけになるエリアと考える。市内高校生の調査のなかにも顕著にあらわれる中町商店街へ「行く、行かない」の判断基準は、充足店舗の可否にある。もっとも若い世代が必要としているのは、ファーストフード的なお店であり、雑貨屋・古着屋の存在にある。(29) たとえば、それに近いお店が中町にオープン可能となった場合、中町モールは、中高生などが自由に休憩できる場所となる。短時間でもそこにいることで、人

(28) 「ル・ポットフー」や「欅」から育ったシェフは、「花月」「ブランドブラン」「ピノキオ」「フローラ」「ニコ」など市内でレストラン開店。

(29) 若者の選択基準を再確認のこと。本書、第3章第3節を参照のこと。

の出入りに大きな影響を与えることになる。

酒田の街における一九七〇年代から二〇〇〇年代のトレンドの推移にあるのは、中町から周辺のショッピングエリア、通称ＳＣと呼ばれる場所に移動している現実である。その根底にあるのは、若者にも必要な居場所の設置である。世代を問わず、居場所をどこにみつけるか重要な鍵である。その鍵を握っているのが中町モールであり、「おしゃれ空間」の場所になる可能性をもつ。

中町でのおしゃれ空間など、その根拠を高校生のデータから探ってみたい。


〈参考文献〉

・伊奈正人、一九九五年、『若者文化のフィールドワーク―もう一つの地域文化を求めて―』勁草書房
・富永健一、一九九〇年、『日本の近代化と社会変動』講談社
・仲川秀樹、二〇〇五年、『メディア文化の街とアイドル―酒田中町商店街「グリーン・ハウス」「ＳＨＩＰ」から中心市街地活性化へ―』学陽書房
・仲川秀樹、二〇〇六年、『もう一つの地域社会論―酒田大火三〇年、メディア文化の街ふたたび―』学文社
・仲川秀樹・露木茂、二〇〇〇年、『情報社会をみる』学文社
・『酒田市市制七〇周年記念・写真でみる酒田市史―昭和～平成版―』二〇〇三年、酒田市
・『酒田市大火の記録と復興への道』一九七八年、酒田市

第3章 酒田市内高校生八〇〇人に聴く〝おしゃれ〟と〝カワイイ〟

第1節 中心市街地とメディア環境に関する調査

1 高校生調査の概要

♥八〇〇人の根拠

過去、酒田でおこなった二度のフィールドワークの結果をさらに検証するために、酒田市内の高校生にメディア環境に関する調査を実施した。この数年間、ヒアリングを重ね質的データについては、報告を繰り返してきた(1)。しかし、地元の高校生たちの酒田に対する全体の考えを知るには、大がかりな質問票により量的調査の必要性を感じていた。そして今回の高校生調査の運びとなった。

一般に地方都市の若者といっても主体は中高生であることに疑いはない。そこで対象とした

(1) 二〇〇三年と二〇〇五年の市内高校生ヒアリング調査。

のは、市内にある高等学校三校である。三校はいずれも旧制中学か創立一〇〇年を超えるという地元の伝統校で、通学地域も出身地域もほぼ酒田市内であること。酒田を知るには格好の属性をもつ調査対象高校であるとの認識からである。(2)

概要については別に記載しているものの、調査対象学年は二年生を中心とした。三年生を主体としたかったが、進学やそれにともなう学校行事などの制約もあり二年生中心となった。ただ、一部三年生と一年生も入っていることは調査の属性で明らかにしている。(3)

調査の質問項目は、二〇項目にした。酒田の街に関するものの、本書のテーマでもある「おしゃれとカワイイ」に沿ったメディア環境を中心に聴いている。中心市街地やファッション、トレンド、そして女性誌などから高校生の生活スタイルがみえるように設定した。また、卒業後の将来のことなども聴いている。

高校生調査の概要

調査実施期間は、二〇〇九年七月から九月にかけて実施した。一部差し替えと追加があり、最終の回収は一〇月になった。

基本データからみた調査対象者は、酒田市内高等学校三校で合計八六三人。回収数は八一一人、有効回答は七八九人、無効二二人となった。全体の有効回答率は九一・四％。性別は、男子三〇九人、女子四八〇人。学校別人数は、A高校一九四人、B高校二八〇人、C高校三一五人である。

内訳　A高等学校　一九四人

(2) 県立の三高校。中心市街地中町商店街徒歩エリアの二高校。ロックタウン徒歩エリアの一高校。

(3) 一部高校では特別の計らいで三年生データを確保。一部高校では人数調整で一部の一年生データも追加。

二年生　在籍者数　二〇〇人（男子一〇〇人、女子一〇〇人）
実施数　一九七人（欠席三人）
回収数　一九五人（男子九六人、女子九九人）
有効回答　一九四人（男子九六人、女子九八人、無効一人）
有効回答率　九七・〇％

B高等学校　二八〇人

二年生　在籍者数　一五四人（男子五三人、女子一〇一人）
実施数　一四三人（欠席一一人）
回収数　一三九人（男子四四人、女子九五人）
有効回答　一三六人（男子四一人、女子九五人、無効三人）
有効回答率　八八・三％

三年生　在籍者数　一五九人（男子五八人、女子一〇一人）
実施数　一五八人（欠席　一人）
回収数　一五〇人（男子五〇人、女子一〇〇名）
有効回答　一四四人（男子四四人、女子一〇〇人、無効六人）
有効回答率　九〇・一％（B高校全体八九・四％）

C高等学校　三一五人

二年生　在籍者数　一五〇人（男子六四人、女子八六人）
回収数　一三一人（男子五一人、女子八〇人）
有効回答　一二九人（男子五一人、女子七八人、無効二人）

有効回答率　八六・〇％

一年生　在籍者数　二〇〇人（男子八八人、女子一一二人）
回収数　一九六人（男子八五人、女子一一一人）
有効回答　一八六人（男子七七人、女子一〇九人、無効一〇人）
有効回答率　九三・〇％（C高校全体九〇・〇％）
（三校の合計九一・四％）

2　酒田の街をめぐる高校生の考え

♥酒田の街の好感度

最初に集計データの表1「酒田の街が好きか」という問いに、四五五人の五七・七％の人が好きと答えている。嫌いの三三人を大きく上回っている。好きと答えた人に理由を問うと、表2「自然が豊かだから」の一〇五人の二三・一％を最高に、「暮しやすい」「のどかだから」といった環境面のよさをあげている。逆に嫌いと答えた人は、表3「何もないから」「不便だから」といったものや、「パチンコ店が多いから」という意見もあげられた。(4)

表4の「好きと嫌いどちらでもない」と答えた人は三〇一人で三八・一％になった。この回答からは、「良い面と悪い面」「好きな所も嫌いな所も」「自然が豊かだが不便でもある」と横並びの数字が続いているのがわかる。積極的にどちらかの判断に決めかねず、両面性をもった高校生の姿が映る。ただ、列車通学の人の回答は、酒田以上に自分の街が好きという事情から、酒田を選択していないのも特徴だ。(5)

---

(4) 大手ショッピングセンター跡地に建てられたパチンコ店に悲観的答えが寄せられた。

(5) 主に鶴岡から通学している人たち。

表１　酒田の街が好きか

	人数	%
好き	455	57.7
嫌い	33	4.2
どちらでもない	301	38.1
未回答	0	0.0
合計	789	100.0

表３　酒田の街が嫌いな理由

	人数	%
何もないから	6	18.2
遊ぶところが少ないから	4	12.1
不便だから	4	12.1
活気がないから	3	9.1
発展していないから	3	9.1
店が少ないから	3	9.1
パチンコ店が多いから	3	9.1
環境が厳しいから	2	6.1
家から遠いから	1	3.0
酒田に住んでいないから	1	3.0
嫌いだから	1	3.0
その他	2	6.1
未回答	0	0.0
合計	33	100.0

（回答内容から分類）

表２　酒田の街が好きな理由

	人数	%
自然が豊かだから	105	23.1
暮らしやすいから	81	17.8
のどかだから	47	10.3
生まれ育った場所だから	44	9.7
人情味があるから	28	6.2
平和だから	21	4.6
落ち着くから	20	4.4
好きだから	19	4.2
なんとなく	14	3.1
食べ物がおいしいから	12	2.6
ほど良い規模の街だから	11	2.4
田舎だから	11	2.4
歴史があるから	10	2.2
観光資源が豊かだから	3	0.7
その他	7	1.5
特にない	2	0.4
未回答	20	4.4
合計	455	100.0

（回答内容から分類）

表4　どちらともいえない理由

	人数	%
良い面もあるが悪い面もあるから	33	11.0
好きな所も嫌いな所もあるから	26	8.6
好きでも嫌いでもないから	24	8.0
良い面もあるが暮らしにくいから	24	8.0
遊ぶところが少ないから	20	6.6
自然が豊かだが不便だから	17	5.6
特に理由はない	16	5.3
店が少ないから	16	5.3
酒田市に住んでいないから	15	5.0
暮らしやすいが不便だから	14	4.7
なんとなく	14	4.7
田舎でも都会でもないから	9	3.0
活気がないから	9	3.0
関心がないから	9	3.0
好きだけど暮らしにくいから	6	2.0
田舎だから	4	1.3
その他	15	5.0
わからない	5	1.7
未回答	25	8.3
合計	301	100.0

（回答内容から分類）

♥酒田の街の優位性と劣勢

東京などの大都市と比較し、「酒田の街でもっとも自慢できるものまたは優位に立っているもの」では、表5「自然が豊か」と答えたのが三七八人で四七・九％。全体の半分を占める。自然が豊かであることは、「食べ物が美味しい」「暮しやすい」につながってくる。この数字は、高校生ヒアリングと一致している結果となった。(6)

それに対し、「もっとも悲観すべき劣勢であると考えるもの」として、表6「店が少ない」の二〇一人で二五・五％。「活気がない」は、一一三人で一四・三％。「店が衰退している」の六二人の七・九％。これらを合わせると五〇％を優に超える。この三点セットは、商店街のこ

(6) 歴史的にも物が豊富で豊かな土地だった。

とを指しているのは明確で、高校生がつねに指摘する必要な店がないと活気がないは相関関係にあることを示している(7)。

またここでも「パチンコ店」が多すぎるという答えが出ている。景観の問題など遊戯施設の是非について、マスコミなどで取り上げられることもしばしばあるが、高校生たちもかなり気にしているようで、悲観的と考える人がいる事実をあらためて考えてみる必要があろう(8)。

表5　酒田の街で自慢出来るもの

	人数	%
自然が豊か	378	47.9
食べ物がおいしい	95	12.0
暮らしやすい	93	11.8
映画・ドラマのロケ地	54	6.8
人情味がある	33	4.2
観光資源が豊か	28	3.5
歴史がある	14	1.8
平和である	9	1.1
その他	4	0.5
わからない	9	1.1
特にない	19	2.4
未回答	53	6.7
合計	789	100.0

(回答内容から分類)

表6　酒田の街で劣勢だと考えるもの

	人数	%
店が少ない	201	25.5
活気がない	113	14.3
交通が不便	70	8.9
街が衰退している	62	7.9
遊ぶ場所が少ない	58	7.4
メディア文化がない	44	5.6
人口減少・少子高齢化	39	4.9
暮らしにくい	32	4.1
田舎である	22	2.8
パチンコ店が多すぎる	6	0.8
その他	17	2.2
わからない	14	1.8
特にない	29	3.7
未回答	82	10.4
合計	789	100.0

(回答内容から分類)

♥首都圏への願望

表7「東京に抱くイメージ」を、「肯定的」に近いものとして答えたのは、全体の五四一人で六八・六%である。「否定的」の一三三人、一六・九%をかなり上回っている。その理由と

(7) 商店街に対する固定的観念。

(8) 駅前周辺から中心市街地中町まで、パチンコ店だけが一等地に店を構えている現状に高校生の憂慮。

しては、「日本の中心」「何でもそろう」「メディアも多い」「楽しそう」「一度は住んでみたい」などで、首都圏への願望は強い。

ただし、「空気が汚い」「環境が悪い」「騒音が激しい」「混雑している」「疲れる」などの理由も多い。否定的のなかでもっとも多かったのは、東京は「怖い」というイメージだった。(9)

それに関連して、表8「東京で一番行きたい場所」は、「渋谷・原宿」がダントツである。かつては「お台場や湾岸線」であったが、渋谷のファッション店の集中しているエリアへの女子高生の関心は予想以上に高い。二二二人の内、女子の選択は一八四人である。「渋谷109」の存在がこんなに大きいとは。とくに男女比では顕著な数字があらわれている。(10)

また、「秋葉原」の人気はわかるが、「東京タワー」や「上野・浅草」という回答も、いつの時代にも不変的なようだ。昨今のアニメブームに乗って、「池袋」や「アニメイト」にも注目

(9) 肯定的な意見が多いようだが必ずしもそうではない。ただメディア環境依存が強い。

(10) 女性誌の読者数の増加に合わせ、リアルファッションをあつかう渋谷109の人気はものすごい。

表7　東京に抱くイメージ

	人数	%
肯定的	541	68.6
否定的	133	16.9
肯定＆否定	67	8.5
その他	19	2.4
未回答	29	3.7
合計	789	100.0

（回答内容から分類）

表8　東京で一番行きたい場所

	人数	%
渋谷・原宿	222	28.1
お台場・湾岸	53	6.7
ディズニーリゾート	51	6.5
秋葉原	50	6.3
東京タワー	50	6.3
店が多い場所	30	3.8
新宿	25	3.2
いろいろ	18	2.3
上野・浅草	17	2.2
東京ドーム	16	2.0
池袋	15	1.9
六本木	7	0.9
アニメイト	5	0.6
国会議事堂	5	0.6
東京大学	4	0.5
吉祥寺	3	0.4
銀座	3	0.4
中野	3	0.4
その他	68	8.6
わからない	7	0.9
特にない	52	6.6
未回答	85	10.8
合計	789	100.0

（回答内容から分類）

が向く。(11)

3 中心市街地にかかわる高校生の想い

中心市街地（中町）の受容レベル

酒田の中心市街地の項目へ。表9「中町商店街へ出かけることはありますか」「どの程度ですか」の回答をみると、「よく出かける」は六一人で七・七%。「たまに出かける」は三三一人で四二・〇%であった。さらに表10にある頻度では、「週一回」と答えた人が五九・七%に上る。行くと回答した人の平均は、一・九回となった。(12)

表11を参考にして、これが一ヶ月あたりの平均は、二・七回である。この数字をどのようにみるかである。意外に中町に出かけているとみるのか、それはあとのロックタウンとの数字を

表9　中町商店街には出かけるか

	人数	%
よく出かける	61	7.7
たまに出かける	331	42.0
ほとんど出かけない	392	49.7
未回答	5	0.6
合計	789	100.0

（回答内容から分類）

表10　中町商店街に行く頻度（週あたり）

	人数	%
週1回未満	2	1.7
週1回	71	59.7
週2回	24	20.2
週3回	9	7.6
週4回	1	0.8
週5回	3	2.5
週6回	5	4.2
週7回	4	3.4
合計	119	100.0

1週間あたりの平均 1.9 回
※行くと回答した生徒の単純平均。

(11)「池袋乙女ロード」それに「中野ブロードウェイ」のサブカルへの関心。

(12)注16と比較すべき。

比較することで実態が把握できよう。

中町の選択基準

高校生が中町に出かける理由を聴いてみた。表12「中町に出かける目的は」の回答は、トップが「買い物」で一三二人の三六・五％。つぎに「モアレ」の四〇人、一一・〇％。このモアレこそ若者離れが激しい中町商店街で、唯一気を吐いているジェラートのお店である。目的さえあれば商店街に出るというはっきりとした事例である(13)。

中町のシンボルでもある「清水屋百貨店」のカウントは、「モアレ＋清水屋」、「清水屋単独」見方はそれぞれだが、とりあえず、合計でみると、三八人で一〇・五％となる。単独の計算は、モアレプラスとなっているので難しい。モアレと清水屋は目の前にある至近距離。セットで

表 11　中町商店街に行く頻度（月あたり）

	人数	%
月 1 回	93	30.7
月 2 回	98	32.3
月 3 回	74	24.4
月 4 回	14	4.6
月 8 回以下	15	5.0
月 12 回以下	4	1.3
月 13 回以上	5	1.7
合計	303	100.0

1 週間あたりの平均 2.7 回
※行くと回答した生徒の単純平均。

表 12　中町に出かける目的

	人数	%
買い物	132	36.5
モアレ	40	11.0
モアレ＋清水屋	20	5.5
清水屋	18	5.0
遊び	27	7.5
遊び＋買い物	13	3.6
通学路の途中	22	6.1
飲食	18	5.0
散歩	17	4.7
習い事・図書館	9	2.5
何となく	26	7.2
その他	20	5.5
合計	362	100.0

（回答者の回答内容から分類）

(13) 中町の「モアレ」を特定して出かける高校生の数。ただ「モアレ」だけで行く。

あっても不思議ではない。本来なら、モアレはデパートの目玉になるべき店舗であろう(14)。
　表13「中町に出かけない理由」を聴いてみる。「行く用事がない」一四三人、三七・四%。「行きたい店がないから」五一人、一三・四%。合せて五〇%となる。それ以外にも、「何もないから」「魅力的でないから」、極めつけは「若者向けでないから」などである。この理由はあまりにはっきりしている。

表 13　中町に出かけない理由

	人数	%
行く用事がない	143	37.4
行きたい店がない	51	13.4
遠い	50	13.1
何もない	39	10.2
時間がない	28	7.3
魅力的でない	28	7.3
他の場所の方が魅力的	19	5.0
行くのが面倒	11	2.9
若者向けでない	2	0.5
その他	11	2.9
合計	362	100.0

（回答者の回答内容から分類）

『結論は難しくはない(15)』。

♡高校生の求めるエリアは

中町の逆をみるとどうなるのか。表14「あなたがふだん買い物や食事をする場所は」の問いである。「ロックタウン」で一八三人、二三・二%。それに「ジャスコをプラス」した数字と「ジャスコ単独」の数字を合わせると四三五人、五〇%を超す数字になる。これが現実に高校生の求めるエリアである(16)。
　その理由を表15からみてほしい。「行きつけの店に行く理由」、トップの「近いから」については、C高校の学区内であることから少し差し引いてよみとってほしい。むしろ、「店が集まっ

(14) 首都圏ならモアレはデパートの1Fに入っているお店。しかし、店内の落ち着きからみると独立店舗の現状がベターなのかも。もう少しスペースがあれば。

(15) 高校生が望む商品の一部を中町であつかう。

(16) 欲しい商品をあつかう店舗がある。そこに行けば買えるという事実のみ。

表 15　行きつけの店に行く理由

	人数	%
近いから	142	20.5
店が集まって便利だから	90	13.0
品揃えが豊富だから	83	12.0
欲しい物があるから	62	9.0
他に良いところがないから	45	6.5
安いから	41	5.9
食べたいものがあるから	42	6.1
便利だから	33	4.8
友達と遊べるから	23	3.3
楽しいから	20	2.9
なんとなく	18	2.6
快適だから	11	1.6
欲しい服が買えるから	8	1.2
活気があるから	6	0.9
大きいから	6	0.9
好きな店があるから	6	0.9
暇つぶしに良いから	5	0.7
よく行くから	4	0.6
若者向けの品揃えだから	3	0.4
その他	20	2.9
特にない	23	3.3
合計	691	100.0

（回答者の回答内容から分類）

表 14　行きつけの店

	人数	%
ロックタウン	183	23.2
ロックタウン＋ジャスコ	102	12.9
ジャスコ	150	19.0
マクドナルド	36	4.6
コンビニ	23	2.9
書店	16	2.0
バイパス沿いの店	15	1.9
清水屋	12	1.5
ガスト	11	1.4
コープ	10	1.3
ゲオ	9	1.1
ヤマザワ	8	1.0
ト一屋	7	0.9
ラーメン屋	6	0.8
イオンの店	5	0.6
S・MALL	4	0.5
モアレ	4	0.5
モアレ＋清水屋	3	0.4
A コープ	2	0.3
他の地域の店	25	3.2
その他	66	8.4
特にない	34	4.3
未回答	58	7.4
合計	789	100.0

（回答内容から分類）

表 17　行きつけの店に行く頻度（月あたり）

	人数	%
月 1 回未満	3	0.7
月 1 回	71	16.3
月 2 回	109	25.0
月 3 回	94	21.6
月 4 回	49	11.2
月 8 回以下	67	15.4
月 12 回以下	31	7.1
月 12 回以上	12	2.8
合計	436	100.0

1 週間あたりの平均 4.0 回
※行くと回答した生徒の単純平均。

表 16　行きつけの店に行く頻度（週あたり）

	人数	%
週 1 回未満	2	0.5
週 1 回	186	48.8
週 2 回	104	27.3
週 3 回	56	14.7
週 4 回	16	4.2
週 5 回	11	2.9
週 6 回	3	0.8
週 7 回	3	0.8
合計	381	100.0

1 週間あたりの平均 1.9 回
※行くと回答した生徒の単純平均。

て便利だから」「品揃えが豊富だから」「欲しい物があるから」これで二三五人、三〇%を超えている。それにほかの数字を入れるなら、さらに増えていく。

そして、表16の「そこに行く頻度」は、中町と同じく週当たりで一・九回。ところが月当たりになると四・〇回となる。人数に大きな相違があること。非常にはっきりしている。中町はいくらがんばっても、「モアレ」以外に高校生を呼ぶ店がない。

『これが結論となろう』(17)。

高校生のプライベート空間

この質問は学生からの要望もあり取り入れた項目。酒田の高校生たちのデート先はどんなエリアなのだろう。回答をみると、表18「デートの時に利用する場所」として、バラつきがあり

表18　デートの時に利用する場所

	人数	%
海・港	78	12.9
ロックタウン	73	12.1
ロックタウン+ジャスコ	18	3.0
ジャスコ	42	6.9
公園	52	8.6
日和山公園	27	4.5
静かなところ	25	4.1
カラオケ	24	4.0
自宅・相手の家	22	3.6
遊べるところ	18	3.0
中町商店街	7	1.2
ファーストフード店	7	1.2
酒田市以外	7	1.2
学校	3	0.5
清水屋	3	0.5
バイパス沿いの店	3	0.5
花火大会の会場	3	0.5
その他	35	5.8
わからない	50	8.3
デートはしない	33	5.5
特にない	75	12.4
合計	605	100.0

(回答者の回答内容から分類)

(17) 高校生の行きたい買いたいお店は決まっている。

ながらも「海や港」七八人で一二・九%。「ロックタウン」七三人で一二・一%。

一つは酒田の自然環境に合わせた場所の選択、かたやふだんよく利用するショッピングエリアがあがった。ただ、全体的に酒田の街の各ポイントを追っているのが興味深い。「日和山公園」「中町商店街」などもその一つであること。(18)

無視できないのが、「その他」「わからない」「デートはしない」「特にない」の合計は、一九三人で、四〇%超えている。上記の場所も希望や願望として答えているものもあった。現実は、デートしている高校生は思ったほど多いとは思えないようだ。(19)

4 高校生が抱く酒田の〝いま〟と〝未来〟

日常生活の楽しみ

高校生たちは、どんな日常を送っているのだろう。将来の展望はいかなるものか。酒田の高校生の「いまと未来」を調査結果からみていきたい。少し項目をとんで、表24の「日常の楽しみ」の数字である。「友達と遊ぶ」九四人で一六・一%。それに関連して「学校生活」四七人、八・〇%。学校生活には、「部活動」という付加価値がついて、四四人の七・五%。全体の三分の一である。学校を中心とした人間関係の顕著さとして、酒田の高校生の姿勢があらわれている。高校生ヒアリングでも、部活動に入っている生徒の割合は高かった。(20)

だからであろうか、「睡眠」八三人で一四・二%、「のんびり休む」三〇人で五・一%を合わせると、約二〇%の数字になる。高校生活も結構いそがしく疲れているのだろう。調査対象の三校ともに進学率は高いので、若いといっても抱える勉強や宿題などのノルマも多いのではな

(18) 酒田に昔からあるエリア、一番落ち着くのかも。

(19) 高校生活を部活動に注ぐ人が多い。休みの時はそのメンバーたちと出かける率が高い。

(20) 構造的要因の何ものでもない。

いか。

表24　日常の楽しみ

	人数	%
友達と遊ぶ	94	16.1
睡眠	83	14.2
学校生活	47	8.0
部活動	44	7.5
読書・マンガ	37	6.3
食事	36	6.2
のんびり休む	30	5.1
音楽	29	5.0
テレビ	22	3.8
パソコン・ネット	23	3.9
ゲーム	17	2.9
遊び	16	2.7
スポーツ	15	2.6
いろいろ	10	1.7
趣味	8	1.4
ケータイ	7	1.2
好きな人との交際	5	0.9
その他	30	5.1
わからない	27	4.6
楽しくない	2	0.3
特になし	2	0.3
合計	584	100.0

（回答者の回答内容から分類）

♥卒業後の選択

高校生とはいえ、二年生が中心であり、この先進学もあり、将来の選択を問うのは無理があると思った。それでも、表25の「卒業しても酒田に住みたいか」には注目していた。結果は予想通り、「わからない」と答えた人が、五二七人で六六・八％の高い数字となった。

そこで、表26「住みたいと考える」理由である。「住みなれているから」三二一人、二九・五％と「酒田が好きだから」二八人、二六・七％が、ほぼ同人数。合わせると、六〇％近い割合になる。表1にあった「酒田が好き」と関連しており、地元に対する愛着はかなりある。

反対に、表27「住みたくない」と答えた理由としては、「都会に行きたいから」三四人、二二・

四%で若者の都会へのあこがれが一位になっている。「不便だから」「何もないから」「田舎だから」「つまらないから」は、ほぼ共通する理由で、合わせると四〇%近い数字となる。これも仕方のない理由として位置づけられるし、それに応えるべく、地元の環境整備の課題も多い。大都市以外の地方都市はどこも同じ問題をかかえているようだ。(20)

酒田へのリターンは

現時点で回答を求めるのは厳しい質問項目かもしれない、しかし、いまの酒田に対する高校生の想いを判断するには重要な問いである。表25の「卒業しても酒田に住みたいか」で、「わからない」と回答したのは七〇%近い人たち。表28で「帰ってくる」「帰ってきたい」「将来は

表25　卒業しても酒田に住みたいか

	人数	%
住みたい	105	13.3
住みたくない	152	19.3
わからない	527	66.8
未回答	5	0.6
合計	789	100.0

表26　住みたいと考える理由

	人数	%
住みなれているから	31	29.5
酒田が好きだから	28	26.7
家族がいるから	10	9.5
環境がいいから	9	8.6
酒田が落ち着くから	9	8.6
他に行きたくないから	4	3.8
自然があるから	3	2.9
何となく	2	1.9
その他	5	4.8
未回答	4	3.8
合計	105	100.0

(回答内容から分類)

(20) 構造的要因の何ものでもない。

帰ってきたい」を合わせると、五〇％を超す数字となって表れた。「帰ってこないと思う」として明確に答えたのは、一八・四％。もう少し高いかと考えていた。この％には、酒田の高校に在学はしているが、隣の市町村から通っているという物理的な事情で、「酒田には帰ってこない」という人も多かった(21)。

これは地元に対する、現役高校生の期待と想いである。「状況による」と答えた人は、就職先を考えてのこと。仕事があればというのは、進学して地方を離れた人の悩みでもある。人口分布やビジネス的状況を考えると、若者がリターンできる環境整備という不変的な課題となって残っていく。

(21) 事情が許せば酒田に帰ってきたい人はかなり多い。

表 27　住みたいと考えない理由

	人数	%
都会に行きたいから	34	22.4
不便だから	23	15.1
何もないから	12	7.9
田舎だから	10	6.6
つまらないから	10	6.6
酒田が好きではないから	8	5.3
酒田の外に出たいから	7	4.6
店がないから	7	4.6
就職先がないから	6	3.9
他の場所に住みたいから	6	3.9
他に故郷があるから	4	2.6
進学先がないから	3	2.0
なんとなく	3	2.0
その他	10	6.6
特になし	2	1.3
未回答	0	0
合計	152	100.0

（回答内容から分類）

表 28　将来酒田に帰ってくるか

	人数	%
帰ってくる	112	22.1
帰ってきたい	93	18.4
帰ってこないと思う	93	18.4
状況による	44	8.7
将来は帰ってきたい	23	4.5
帰省はするが住まない	22	4.3
他に出身地がある	13	2.6
わからない	92	18.2
その他	14	2.8
合計	506	100.0

（回答者の回答内容から分類）

第2節　女子高生からみた〝おしゃれ〟と〝カワイイ〟

1　酒田の街の〝おしゃれ〟スポット

♡おしゃれな空間

ここでは酒田市内の女子高生のトレンドなどに関する調査結果の分析である。女子高生に特定した数字を出している。表19「酒田の街でおしゃれと感じるスポット」(女子のみ)を聴いてみた。「ロックタウン」三二人で九・三%。この数字は、高校生全体の求める希望エリアと関係しており、ロックタウンには、高校生たちが足を運ぶ動機や欲求などを充足する条件がそろっていることを意味している。大規模なショッピングエリアであり、高校生の購買意欲を満たすものがある。「La Casa」は、若者に人気のあるショップ、ロックタウンからさほど遠くない距離に位置する雑貨屋である。ロックタウンとLa Casaを合わせた数字は、約一四%で、「ジャスコ」をプラスすると、約一五%になる。

それに対極に位置する「中町商店街」と「モアレ」「清水屋」「希望ホール」を合わせた中心市街地グループの数字は、約五%近くとなる。中心市街地をおしゃれスポットと答えた人は、郊外店舗(SC)の三分の一程度になる。距離的に連続しているのが「日和山公園」である。日和山公園の四・四%をプラスすると、意外にSCに接近していく。このスポットの組み合わせ(中心市街地グループ)は、ポイントのような気がする(22)。

(22) イオンSCが一人勝ち状態は否定できない。しかしこのスポットの組み合わせプランは注目すべき。

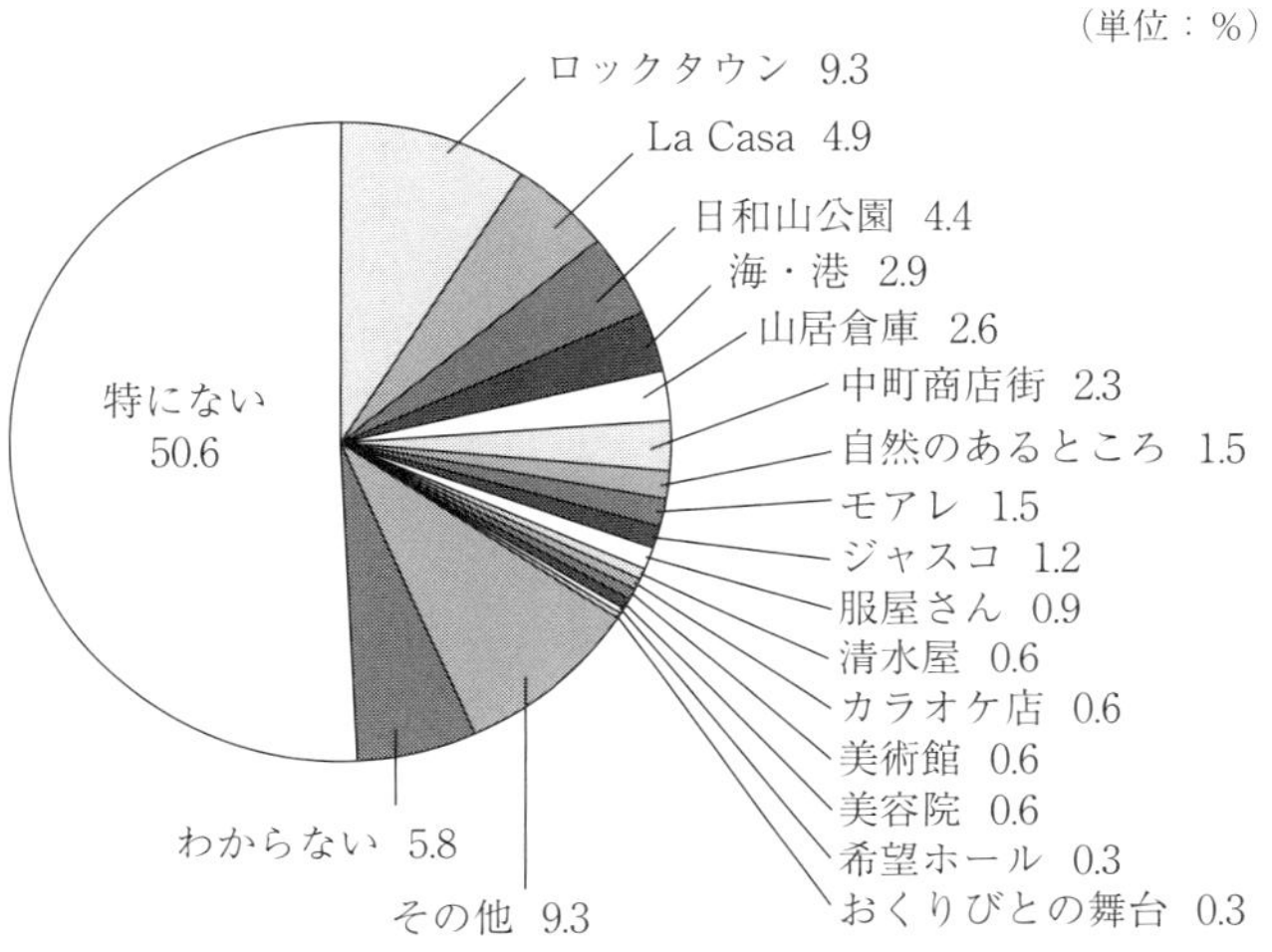

表 19　酒田で「おしゃれ」なスポット（女子のみ）

表 19　酒田で「おしゃれ」なスポット（女子のみ）

	人数	%		人数	%
ロックタウン	32	9.3	清水屋	2	0.6
La Casa	17	4.9	カラオケ店	2	0.6
日和山公園	15	4.4	美術館	2	0.6
海・港	10	2.9	美容院	2	0.6
山居倉庫	9	2.6	希望ホール	1	0.3
中町商店街	8	2.3	おくりびとの舞台	1	0.3
自然のあるところ	5	1.5	その他	32	9.3
モアレ	5	1.5	わからない	20	5.8
ジャスコ	4	1.2	特にない	174	50.6
服屋さん	3	0.9			
合計				344	100.0

（回答者の回答内容から分類）

中心市街地のおしゃれ

確かにスポットごとの組み合わせでみるのも興味深い。「山居倉庫」の二・六％も、中心市街地に入る。「おくりびとの舞台」（小幡・港座）など、中心市街地には酒田ならではの伝統的空間が残る。

高校生たちの総合的な数字こそ、ＳＣが高いが、スポット数からみれば市街地もなかなかのもの。ファッションに長けた人気店舗の一部（複数）が中心市街地に入れば、この状況は一変するであろう。

『結論はみえてきた(23)』。

女子高生が「中町」へ希望するショップ

若者の中心商店街離れ、その背景にあるものとは。中心商店街中町には「出かける意味がない」「必要なものがない」、つまり「若者の欲求に応えるお店がない」のである。

そこで、表20「中町商店街に新しいショップがオープンするとしたら、どんなお店を希望しますか」の全体の結果をみる。「ファッションのお店」がダントツの一三〇人で三〇・三％。プラス「１０９的なお店」「若者向けの洋服店」という同一系統の数字を合計すると、四〇％近い。他の項目、「おしゃれな店」「東京にあるような店」の内訳は、ファッション関係に傾斜しているため、合わせると結果的に、半数に届くのではないかと思われる(24)。

ファッション関係についで高い数字なのが「雑貨店」の五六人で一三・一％もある。インテリアもあつかうし、ロックタウン周辺にあるようなお店をいう。「飲食店・喫茶店」については、ほとんど「マクドナルド」のファーストフードを指す。

---

(23) 若者の欲しい商品をあつかうお店。複数から。

(24) 自然的な願望である。この有無が商店街の価値判断になる。

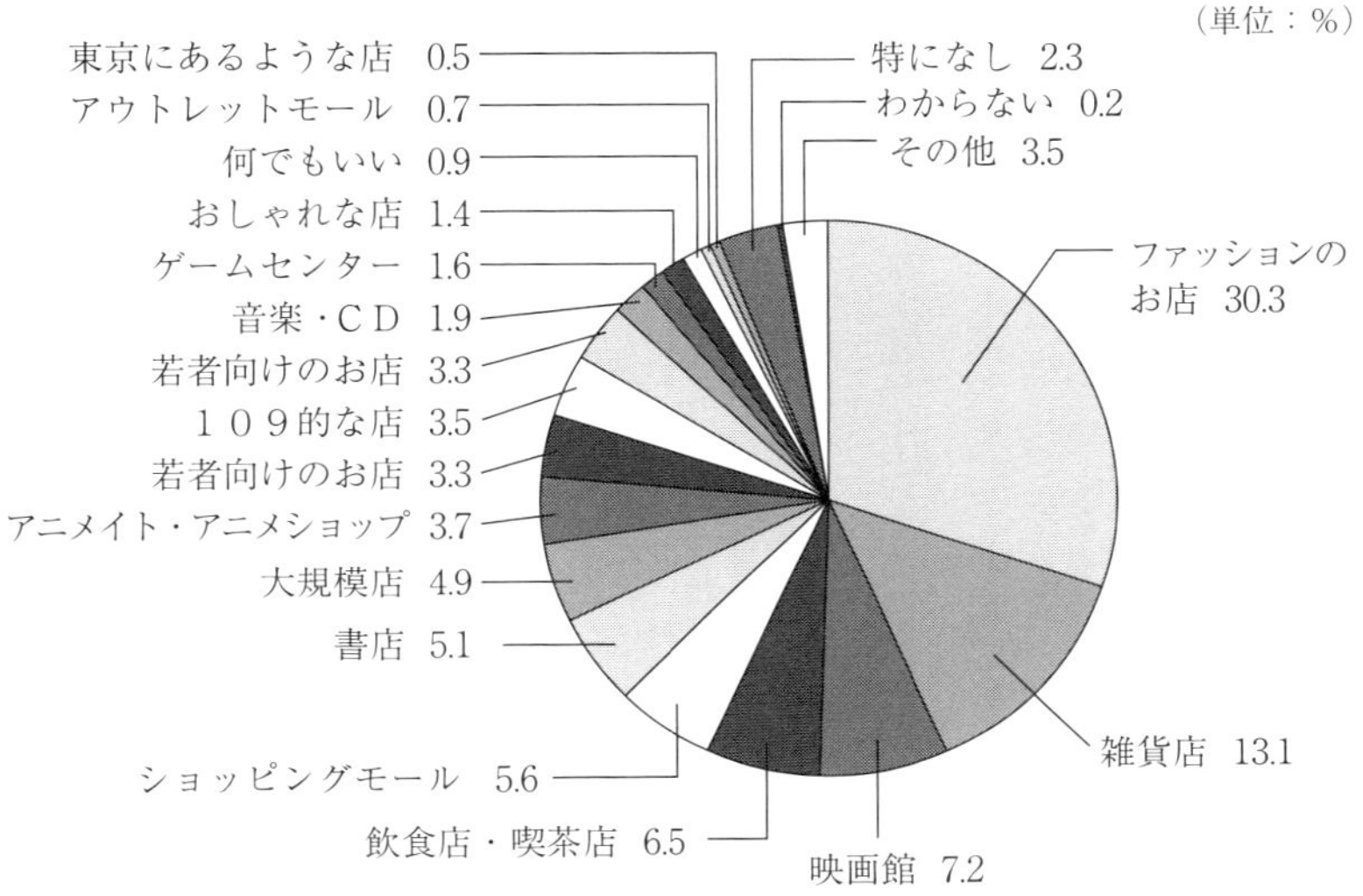

表20　中町での新しい店の希望（女子のみ）

表20　中町での新しい店の希望（女子のみ）

	人数	%		人数	%
ファッションのお店	130	30.3	若者向けのお店	14	3.3
雑貨店	56	13.1	音楽・ＣＤ	8	1.9
映画館	31	7.2	ゲームセンター	7	1.6
飲食店・喫茶店	28	6.5	おしゃれな店	6	1.4
ショッピングモール	24	5.6	何でもいい	4	0.9
書店	22	5.1	アウトレットモール	3	0.7
大規模店	21	4.9	東京にあるような店	2	0.5
アニメイト・アニメショップ	16	3.7	その他	15	3.5
若者向けの洋服店	16	3.7	わからない	1	0.2
１０９的な店	15	3.5	特になし	10	2.3
合計				429	100.0

（回答者の回答内容から分類）

さらに当然のように「映画館」と「書店」は定番で、ないこと自体おかしい。「音楽・CDショップ」もそうだが、「中町には高校生は来る必要がありません」と、公言しているような気さえしてくる。それでいて商店街はだめだなどと、衰退するレベルの議論を繰り返しても何の問題解決にはならない。この指摘は、いまさらのことでもないが。

『ファッションのお店』何とかならないか。「中町商店街」は「S・MALL」に、どんどん遅れをとってしまう。(25)

首都圏との関係

渋谷・原宿に集まる若者は何を目指しているのか。その街には必ずシンボルがある。これまで指摘した通りのこと。このエリアにある「渋谷109」「ラフォーレ」「丸井」この三ショップに共通しているのは、ファッションでいまトレンドの「カワイイ」モデルがそろっていることにある。(26)

中町には「清水屋」百貨店がある。若者よりも高い年齢層をターゲットにしたミセス向け商品の店舗が多い。高校生にしてみれば必然的に違うお店になる。とはいえ、清水屋を安価な商品を並べる店舗にしたらこれこそ、既存の客層まで離れてしまう。既存の階層と若者が一部すみ分けできるようなショップの配置が必要。清水屋のバランス感覚に期待したい。

鶴岡にある「S・MALL」は、清水屋のウイークポイントをカバーし、若い客層を引き込んだ。理想は、「S・MALL」と「清水屋」両者の媒体が中町に集合することであるのだが。首都圏のような集客力が見込めない地方都市では困難を承知の提案である。

『もう一つの結論は、「清水屋」スタイルと「S・MALL」スタイルを中町に』(27)

---

(25) 「S・MALL」にしましょうではない。

(26) 「109」『Popteen』系、「ラフォーレ」(宝島社系)、「丸井」『JJ』『Ray』『CanCam』系、「PARCO」『ViVi』『sweet』系。

(27) 中町には、「清水屋スタイル」と「S・MALLスタイル」のバランスを考える。

2　酒田の街の〝カワイイ〟イメージ

カワイイのイメージ

「酒田の街でカワイイとイメージされるもの」は、「中町に希望するショップ」と並んで著者がもっとも知りたかった項目である。

表の21をみると、「獅子頭」が三二人で一〇・五%のダントツである。女子だけでもなく男子も支持している。この結果も、高校生へのヒアリングである程度、予測はしていた(28)。それでも実際の数字をみて驚きがあった。

表21　酒田で「カワイイ」イメージ（女子のみ）

	人数	%
獅子頭（大獅子ファミリー）	32	10.5
白鳥	7	2.3
モアレ	4	1.3
山居倉庫	3	1.0
La Casa	3	1.0
田んぼ	2	0.7
日和山公園	2	0.7
酒田西高	2	0.7
銅像	2	0.7
酒田中央高校	2	0.7
SWIMMER	2	0.7
ロックタウン	1	0.3
酒田東高	1	0.3
その他	46	15.1
わからない	14	4.6
特になし	181	59.5
合計	304	100.0

（回答者の回答内容から分類）

(28) 多くの高校生たちは「獅子頭」を「獅子舞」と呼ぶ。祭りでみているから。

ところがフィールドワーク参加ゼミ生たちも、酒田入りし、獅子頭みたとたん「カワイイ」と叫んで、そろって抱きしめる行為をみていたので、高校生の回答にあるように「そうなんだ」と思えるようになった。

たぶん地元の大人たちは酒田大火の復興シンボルとしての認識が強く、それをカワイイと登録することはまずないだろうと考えた。しかし、高校生たちが酒田のカワイイをイメージしたところ、それは「獅子頭」だった。本来ならつぎの「白鳥」がトップにきてもおかしくないのに、そこが対象モデルをカワイイと登録することで明らかになった世代間の特徴であろう。

それ以外にカワイイで興味を惹いたのが、「日和山公園」「モアレ」である。日和山公園が高校生のあいだでこれほど高く認知されているものとは気がつかなかった。酒田の桜は日和山公園のぼんぼりからはじまると。「桜まつり」のシンボルになっていることを正確に理解しているようだ(29)。それにしても、モアレはやはり中町人気の代表であることはもはや否定できない。

数字としては低いが、地元の観光スポット「山居倉庫」もランクイン。日和山公園と同じく昔からの風景である。「La Casa」も支持があった。おしゃれな小物などをあつかうLa Casaのようなお店は、女性たちも好み、カワイイのイメージにピッタリなのだろう。「カワインテリア」というトレンドもこんなショップからはじまっている。

中心市街地（中町）に求めるカワイイ

中町モールに置かれている「獅子頭」は、酒田を訪れた人びとの記念スポットになっている。それに市役所正面の大獅子ファミリーもやはりカワイイと思う。とくに子どもの獅子の名前がカワイイ(30)。

---

(29) 日和山桜まつり。

(30) 「みなとくん」「まいちゃん」「海くん」「小波ちゃん」。

中町モールに花壇、フォーシーズンを通してお花を切らさないで欲しい。予備調査時では、チューリップが終わり、枯れ果てた花壇の状態があまりにも景観をこわしていた。

中町に必要な商品的なものなら、女子高生の流行やファッションを見る限り、結論は出ている。マス・メディアで露出しているモデルさんたちのスタイルを模倣できる空間。女性誌で紹介されている衣服や装飾品。それをあつかうお店が中町には必要不可欠である。それは、つぎの酒田の女子高生たちの読む女性誌との関係性から再考していきたい。

3 女子高生の女性誌をめぐる〝おしゃれ〟と〝カワイイ〟

♡女子高生がよむ女性誌

この質問項目も興味深いものだった。早く結果を知りたかった。表の23「毎月欠かさず読んでいる雑誌について」は、トップに『Ｐｏｐｔｅｅｎ』と『ＳＥＶＥＮＴＥＥＮ』が並んだ。非常にバランスのいい結果だと思う。その理由として、『Ｐｏｐｔｅｅｎ』は首都圏では中高生向けのおしゃれなギャル雑誌、『ＳＥＶＥＮＴＥＥＮ』はオーソドックスなおしゃれな生活スタイル雑誌である。(31)

二誌より少し遅れて、『Ｚｉｐｐｅｒ』『ＣＵＴｉＥ』『ＪＥＬＬＹ』『ｓｏｕｐ』のグループは、ストリートや古着系などの定番雑誌で幅広く浸透している。それにつづく同系統の、『ｅｇｇ』『ＪＵＮＯＮ』『ｍｉｎａ』『ＰＳ』などもある。

驚きは、全国誌『ｎｏｎ－ｎｏ』と並んでランクインの『ＫＥＲＡ』である。最近人気のゴスロリ系であるが、酒田でも意外に読者が多いと感じた。

---

(31) 仮説の範囲でもあるが、部活している人と、していない人でカテゴリー化。

人数は少ないが、『ViVi』と『小悪魔ageha』も並んでいる。この数年コンサバ系とギャル系のカテゴリーで売り上げ急上昇の女性誌である。

女性誌の傾向とトレンド

女性誌のカテゴリー別の分類と、調査結果による数字とのバランスは首都圏と差のないことが判明した。ランクアップの女性誌グループから読み取れるのは、中高生向けのスタンダードな女性誌『SEVENTEEN』『non-no』。高校生以上のコンサバ・セレブ系としての女性誌『PINKY』、女子学生以上向け女性誌『ViVi』『CanCam』『JJ』がある。ギャル系としての、『egg』『Popteen』『Cawaii!』『BLENDA』『小悪魔ageha』の各女性誌。ストリート系としての『mina』『Zipper』『SEDA』『PS』『KERA』の各女性誌。それにいま人気の宝島社ラインアップ『CUTiE』『mini』『spring』『sweet』の各女性誌があげられる(32)。

バランスがいいといったのは女性誌の傾向が、首都圏大差なく浸透し、それぞれのスタイルを楽しんでいることにある。ただ、実用的に各誌のトレンドを採用しているのか、ビジュアル的に内容を楽しんでいるかを問われたら後者となるだろう。もう少し、詳細をいうなら、首都圏では、『Popteen』の読者は中学生高学年に集中している。ファッションに関するタイムラグは仕方のないことである(33)。

女子高生のおしゃれを考える

女性誌の選択からみた酒田の女子高生たちは、バランスよくおしゃれを楽しんでいるといえ

(32) 仲川秀樹、二〇〇九年、「すべては〝ハマトラ〟からはじまった」『ジャーナリズム&メディア』第二号、九三ページ。

(33) 基本的に一五~一八歳の若いギャル。

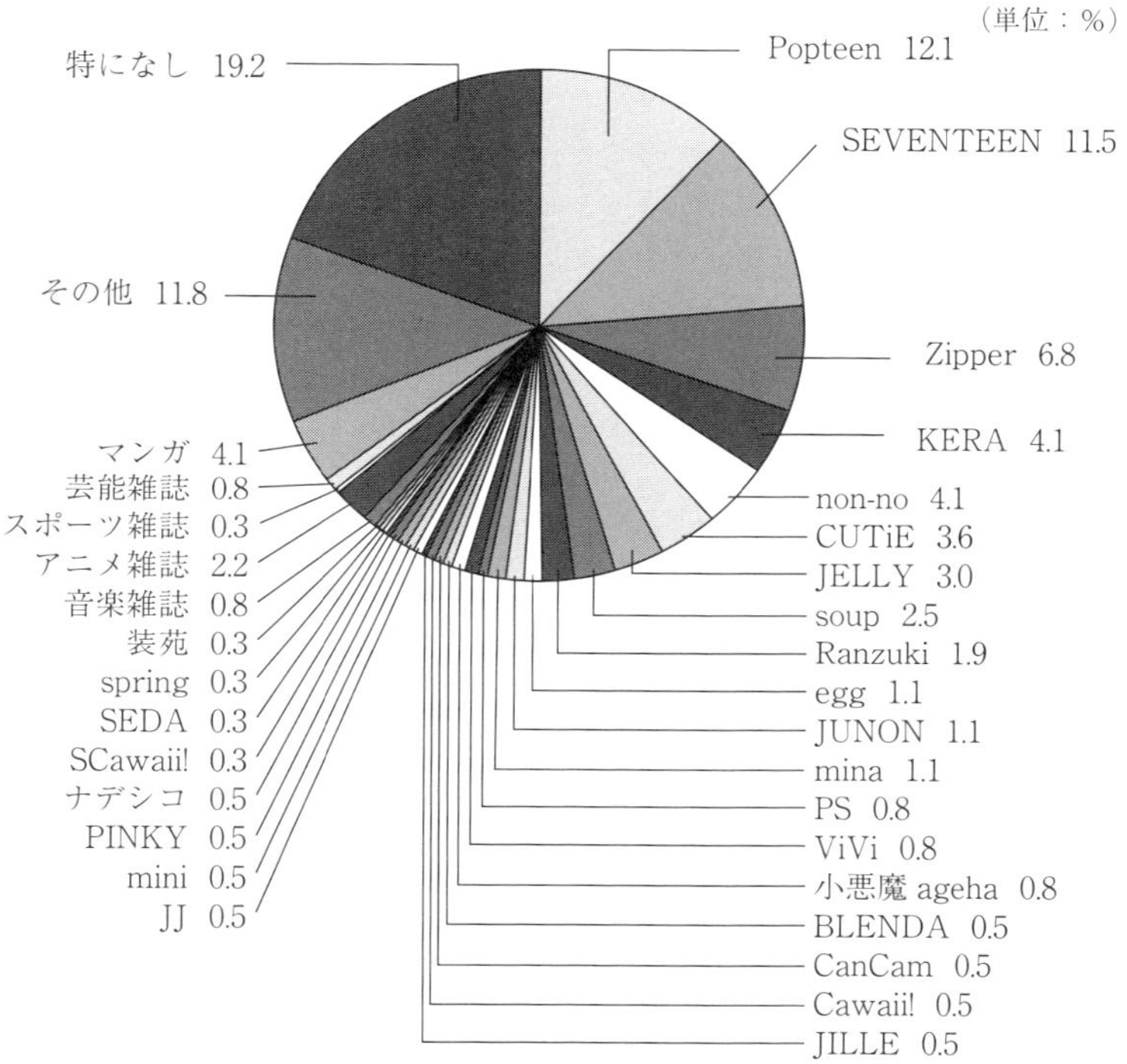

表 23 欠かさず読む雑誌（女子のみ）

表 23 欠かさず読む雑誌（女子のみ）

	人数	%		人数	%		人数	%
Popteen	44	12.1	PS	3	0.8	SCawaii!	1	0.3
SEVENTEEN	42	11.5	ViVi	3	0.8	SEDA	1	0.3
Zipper	25	6.8	小悪魔 ageha	3	0.8	spring	1	0.3
KERA	15	4.1	BLENDA	2	0.5	装苑	1	0.3
non-no	15	4.1	CanCam	2	0.5	アニメ雑誌	8	2.2
CUTiE	13	3.6	Cawaii!	2	0.5	音楽雑誌	3	0.8
JELLY	11	3.0	JILLE	2	0.5	芸能雑誌	3	0.8
soup	9	2.5	JJ	2	0.5	スポーツ雑誌	1	0.3
Ranzuki	7	1.9	mini	2	0.5	マンガ	15	4.1
egg	4	1.1	PINKY	2	0.5	その他	43	11.8
JUNON	4	1.1	ナデシコ	2	0.5	特になし	70	19.2
mina	4	1.1						
合計							429	100.0

（重複回答あり・回答分について集計）

よう。首都圏で発信されるおしゃれには敏感にキャッチし、主要なスタイルを押さえた理解を心がけている。しかし、部活動に入っている人が多く、私服で街を歩くことは少ない。フィールドワークでも明らかになったように、制服姿で街に出る高校生はかなりの数。とすれば私服でおしゃれするという機会は少ない。

そこで、ゼミ生の指摘にもあった実用性よりビジュアル的娯楽性という点である。女性誌には目を通し、ファッション傾向などは知るが、それを実際、着用するといった行為はあまりない。むしろ、購入機会はないものの女性誌に登場するファッション・スタイルや、モデルの着こなしなどの情報認知は早い。幅広く多彩な女性誌をよむ酒田の女子高生たちは、それをビジュアル的に楽しんでいるのではないかと考える。(34)

女子高生からみた酒田のトレンド

女子高生たちに酒田のトレンドを聴いた。表32「いまの酒田の高校生の流行(トレンド)は」の回答である。やはりトップは、「ファッション」に関するものであり、つぎはほとんど差がなく「アニメ」「ゲーム」などが上位にあがった。

実際、多くの高校生たちは、「知らない」「わからない」「特にない」とトレンドそのものの見方に否定的のようだ。これは先ほどの酒田でカワイイとイメージされるものと同様に、「酒田にそんなものはない」「わからない」と。こうした調査でもない限り、特別にそのような意識をすることはないのではないか。(35) 非常に答えづらい質問項目であったことも確かであろう。

---

(34) とにかく女性誌をよくよんでいる。よく知っている。モデルも知っている。

(35) 「酒田にトレンド?そんなのある」のが現実の声。

表32　トレンド（女子のみ）

	人数	%
シュシュ	9	3.6
ファッション	8	3.2
いろいろ	8	3.2
カラオケ	7	2.8
アニメ	6	2.4
制服	5	2.0
スリラー	4	1.6
青鬼	4	1.6
ゲーム	3	1.2
テレビ	3	1.2
髪型	3	1.2
モアレ	3	1.2
安カワイイ	3	1.2
音楽	2	0.8
スポーツ	3	1.2
ポケモン	2	0.8
マック	1	0.4
その他	37	14.9
知らない	28	11.3
わからない	77	31.0
特にない	32	12.9
合計	248	100.0

（回答者の回答内容から分類）

第3節　高校生八〇〇人調査の総括

1　中心市街地とメディア環境

二〇〇九年二月にアカデミー賞外国語映画賞を受賞した映画『おくりびと』に関する質問項目を入れてみた。表29「おくりびとの影響で酒田の街がメディアに多く取り上げられていることについて」では、「良いことだと思う」の回答は一八一人で二二・九%。「嬉しい」「すごいことだと思う」「有名になったと思う」など六〇%以上の肯定的な意見が目立つ。(36)

逆に否定的な回答は、「騒ぎすぎ」「長続きしない」「活性化に活かしきれていない」「観光客

(36) 評価の意味を理解している数字。

のマナーがよくない」などがあげられる。わからないでもない意見が多いものの、高校生にはアカデミー賞の歴史的意義の理解不足もあるのかも。通常のまちおこしなどの活性化のイベントではない。この賞の価値は永久に評価の対象となっている歴史的な意義をもっと周囲が若者たちにも語る必要があると思う(37)。

表30では、『おくりびと』のロケスポット（日和山・旧料亭小幡）を訪れたかである。著者も興味があった項目だった。結果は、全体の半分以上の四三八人、五五・五％が出かけた。「そこを訪れてみたい」を入れると、六〇％を超す数字となった。かなりの高校生がみていることを認識した。

映画のロケが話題になっているのに関連させ、表33「酒田で映画やドラマの撮影があれば、

(37) アカデミー賞の価値の認識と関係者の取り組みを告知する。

表29 「おくりびと」について

	人数	%
良いことだと思う	181	22.9
嬉しい	94	11.9
すごいと思う	71	9.0
観光客が増えたと思う	57	7.2
有名になったと思う	52	6.6
もっと盛り上がって欲しい	44	5.6
騒ぎすぎ	26	3.3
長続きしないと思う	22	2.8
あまり変わらない	20	2.5
素晴らしいと思う	19	2.4
興味ない	19	2.4
活用しきれていない	14	1.8
実感はない	13	1.6
何とも思わない	8	1.0
良くない影響がある	8	1.0
その他	37	4.7
わからない	9	1.1
特にない	14	1.8
未回答	81	10.3
合計	789	100.0

（回答内容から分類）

表30 「おくりびと」のロケ地を訪れたか

	人数	%
訪れた	438	55.5
訪れていない	289	36.6
訪れてみたい	55	7.0
未回答	7	0.9
合計	789	100.0

（回答内容から分類）

表 33　映画撮影の希望

	人数	%
楽しめるもの	41	7.4
何でもよい	40	7.2
コメディ	36	6.5
地元らしいもの	29	5.2
ラブストーリー	29	5.2
ＳＦ・ファンタジー	26	4.7
ホラー系	26	4.7
歴史もの	25	4.5
アニメ・特撮	23	4.1
学園もの	21	3.8
ドラマ	21	3.8
青春もの	20	3.6
アクション	17	3.1
自然もの	13	2.3
おくりびと的なもの	12	2.2
スポーツ	12	2.2
必要ない	7	1.3
若者向け	7	1.3
その他	55	9.9
わからない	19	3.4
特にない	76	13.7
合計	555	100.0

（回答者の回答内容から分類）

どんな内容の作品を希望するか」の問いには、見事なまでのバラつきになった。ほとんど歓迎の意思があり、どのジャンルでもかまわないという幅広さが出ていた(38)。

2　高校生のファッションとトレンド

メインを女子高生において論じてきた。地方都市の女子高生にとっての情報源はマス・メディアであることを前提とし、女性誌の系統別にあわせて分析を試みた。その結果、本文にも記したとおり、酒田の女子高生は非常にバランスいい生活スタイルをもっているとみた。

一般に大都市と地方都市のファッション・スタイルを比較すると、地方の場合、直接的スタイルをとりやすい。周囲に参考となるキーパーソンが少ないため、雑誌などにあるスタイルを

(38)　メディア露出は大歓迎という結果。

ダイレクトに選択する。大都市の場合、周囲にはつねに参考になる着こなしをして歩く女性が多い。それをみて間接的に自分に似合ったスタイルの選択となる。地方の方が派手で、目立ちやすいファッション傾向をする場合が多いのはそのためである。[39]

ところが酒田の場合、着こなしと高校の偏差値レベルが比例するようだ。多くの高校生は、母親と買い物をする。親世代の入るお店に入り、そこで高い商品を買ってもらう。極端なファッション・スタイルに走ることは少ないといえる。[40] 予備調査でもそれは検証できた。ゆえにオーソドックスに推移したスタイルがほとんどである。

もう一方のスタイルは、いまと反対の状況を考えればいい。対照的な女性誌二誌がトップで並んでいる事実こそ、酒田の女子高生ファッションの特質であると考える。ゆえに、中町には、「清水屋」と「S・MALL」両スタイル、つまり「老舗デパート」と「ファッションビル」に応える店舗が必要と考えられる。

3　高校生がみた酒田の〝カワイイ〟

最終的に高校生が選択した酒田のカワイイは、「獅子頭」となった。二位の「白鳥」に五倍近い差をつけての単独トップだった。数字を度外視して考えると、「獅子頭」と「白鳥」は酒田の象徴的存在である。市内のいたる場所で、獅子頭を使用したマークを見つけることができた。[41]

最上川河口の白鳥もそうである、橋のレールの部分に白鳥のモニュメントをみる。鳥海山と白鳥、庄内平野と白鳥、いずれも地元の高校生たちにとって、見慣れた光景である。独特の泣

(39) 水平的ファッションより垂直的ファッション。

(40) 清水屋で買物をする女子高生に多いパターン。

(41) 第一タクシーの獅子頭が人気だった。ドラマでも一目で酒田と認識。

き声をする白鳥に、朝や夕方の時を感じたことも多いだろう。酒田市民にとって、そうした光景は潜在的に焼きついている。

両者には、そんなホッとするものを感じとっているのかもしれない。酒田の街が好きか、酒田の街が好きな理由、圧倒的に「自然が豊かだから」があげられた。酒田の歴史と風景に見合いながら「獅子頭」と「白鳥」は酒田の代表的な「カワイイ」なのだ。

そして高校生がみた酒田のカワイイは、大獅子ファミリーの「獅子頭」である。

4　酒田の街に関する高校生の想い

高校生たちが、酒田の街をこんなふうに（調査結果）考えていた。

何より地元を愛する人が多かったこと。「自然の豊かさから食べ物がおいしい」。「空気がきれい」。「水がおいしい」。「住み心地がいい街として、条件さえ許せば、ずっと住んでいたい」。そんな印象的な回答が多数返ってきた。

中心市街地に高校生がいない。市内の高校生たちは、酒田の街に愛着はないのだろうか。勝手な想像もあった。しかしそれは大きな見当違いであった。調査票のデータがものがたっているように酒田への想いは想像以上に強い。家族も近隣社会にも、学校にも友人関係も、日常の楽しみが学校にあるという答えこそ「酒田は暮らしやすい」「居心地がいい」として、結果に反映されていた。将来についても、「帰ってきたい」、「実家があるから」、という回答は多い。

それでも環境や物理的な事情がそんな高校生の想いに高いハードルとなって覆っている。

一つ目は、若者にとってメディアを通して発信されるエンターテインメントの世界にあこがれるのは必然であり、誰しも都会にあこがれや希望をもつ。その選択が大都市へと導く。メディア環境の充実した空間は何にもまして、若者の文化を構築している場所なのだ。

二つ目は、進学を目的とする高校が多いために、大学受験などのために、地元を離れざるを得ない。志望する学校の専門性、学部や学科の選択によっては、全国各地に散らばってしまう。酒田の現役高校生にとって、直接上のまた二学年から四学年のあいだの先輩は、県外にいるために交流はできない。いろんなアドバイス受けることができない。空白の四年間となっている。

三つ目は、卒業後のリターンに関する問題である。就職先や出身地にもどりたい学生に対する受け皿である。どうにも仕方のない現実が待っている。限界がある問題となっている。

そんな事情は、高校生が一番わかっていることであり、それが回答にあるとおりの結果として受けとめざるを得ない。酒田市だけでどうにもなるものではないが、今回の調査結果を通じて、何よりも「若者の声を聴く」「若者が望む環境を少しでもサポートしてあげる」こんなバックアップがあればと。

「若者が余暇を楽しめるショップの導入」、メディア文化の街としてのプライドを出すための「メディア環境の充実」。この二つの環境を中心市街地に整備してほしい。それにプラス駅前の環境整備とあわせて(42)。

5　中町をトレンドのある街に

中町に「ファッションのお店を」「映像可能なシネ・サロン的空間を」「中町モールに移動お菓子カーを」。大規模でなくても、せめて何らかのかたちで、高校生の想いに応えてほしい。

(42) エンターテインメントのリアルタイムでの受容。

中町モールの移動カーには、新規参入のお店に限らず、酒田に多くある老舗のお菓子さんが毎週末、交代で移動カーの売店を出すようなスタイルなら可能ではないか。いずれ酒田を離れなければならない若者たちへ、一〇代を少しでも楽しく、おしゃれにトレンディに、家族や仲間たちとのコミュニケーションが可能な環境を中心市街地に用意してほしい。

調査票サンプル

「酒田市内高校生がみた『中心市街地』と『メディア環境』に関する調査」

調査期間　2009年6月～9月
調査機関　日本大学文理学部社会学研究室
責任者　日本大学教授　仲川秀樹

本調査は、酒田市内の高等学校に通学する生徒の皆さんを対象にしています。調査目的は、高校生の皆さんがみた「酒田の中心市街地」と「メディア環境」関する考え方を知り、酒田市の未来や、中心市街地の活性化に役立てる方策を探ることにあります。

本調査の結果は、本年度中に調査報告としてまとめる予定です。本調査の結果は、学術研究としての基礎資料とし、それ以外の目的には一切使用することはありません。

何とぞ、本調査の学術的意味をご理解の上、ご協力を賜わりますよう、お願い申し上げます。自由回答につきましては、ご回答いただける範囲の記入でお願いいたします。

Q1　あなたは「酒田の街」が好きですか。数字を○で囲んでください。
　1　好き　　2　嫌い　　3　どちらともいえない
　SQ1　好きと答えた方にお伺いします。好きな理由を自由にお書きください。
　（　　　　　　　　　　　　　　　　）
　SQ2　嫌いと答えた方にお伺いします。嫌いな理由を自由にお書きください。
　（　　　　　　　　　　　　　　　　）
　SQ3　どちらともいえないと答えた方は、その理由を自由にお書きください。
　（　　　　　　　　　　　　　　　　）

Q2　東京などの大都市と比較し「酒田の街」で、最も自慢できるものまたは優位に立っているものは何ですか。自由にお書きください。
（　　　　　　　　　　　　　　　　）

Q3　東京などの大都市と比較し「酒田の街」で、最も悲観すべきまたは劣勢であると考えるものは何ですか。自由にお書きください。
（　　　　　　　　　　　　　　　　）

Q4　東京に抱くイメージを自由にお書きください。
（　　　　　　　　　　　　　　　　）

Q5　東京で一番行きたい場所（スポット）はどこですか。
（　　　　　　　　　　　　　　　　）

Q6　酒田の中心市街地（中町商店街）に出かけることはありますか。数字を○で囲んでください。
　1　よく出かける　　2　たまに出かける　　3　ほとんど出かけない

SQ1　よく出かける、たまに出かけると答えた方にお伺いします。週にまたは月にどの程度ですか。必要な数字をお書きください。

（週に　　　　　回程度。　　　月に　　　　　回程度）

また、目的は何ですか。自由にお書きください。

（　　　　　　　　　　　　　　　　　　　　　　　　　　　）

SQ2　ほとんど出かけないと答えた方にお伺いします。その理由を自由にお書きください。

（　　　　　　　　　　　　　　　　　　　　　　　　　　　）

Q7　あなたがふだん買い物や食事をする場所はどこが多いですか。エリアなどを自由にお書きください。また行きつけのショップなどがあれば自由にお書きください。

（　　　　　　　　　　　　　　　　　　　　　　　　　　　）

SQ1　そこで買い物や食事をする理由は何ですか。

（　　　　　　　　　　　　　　　　　　　　　　　　　　　）

SQ2　そこに出かける頻度はどれ位ですか。必要な数字をお書きください。

（週に　　　　　回程度。　　　月に　　　　　回程度）

Q8　あなたがデートをするとしたら、酒田市内のどんなスポットを利用しますか。

（　　　　　　　　　　　　　　　　　　　　　　　　　　　）

Q9　「酒田の街」で「おしゃれ」だと感じる（思う）スポットはありますか。自由にお書きください。

（　　　　　　　　　　　　　　　　　　　　　　　　　　　）

Q10　酒田の中心市街地（中町商店街）に新しいショップがオープンするとしたら、どんな内容のお店を希望しますか。ジャンルは問いません。自由にお書きください。

（　　　　　　　　　　　　　　　　　　　　　　　　　　　）

Q11　「酒田の街」で「カワイイ」とイメージされるものはありますか。思い描いたもの何でも自由にお書きください。

（　　　　　　　　　　　　　　　　　　　　　　　　　　　）

Q12　毎回欠かさずチェックするテレビ番組があれば自由にお書きください。複数可です。

（　　　　　　　　　　　　　　　　　　　　　　　　　　　）

Q13　あなたが毎月欠かさず読んでいる雑誌がありましたら、その雑誌名を何冊でもあげてください。なお、読む理由も自由にお書きください。

雑誌名

（　　　　　　　　　　　　　　　　　　　　　　　　　　　）

読む理由

（　　　　　　　　　　　　　　　　　　　　　　　　　　　）

Q14　日常生活の楽しみは何ですか。自由にお書きください。

（　　　　　　　　　　　　　　　　　　　　　　　　　　　）

Q15　卒業しても酒田の街に住みたいですか。必要な数字を○で囲んでください。

1　住みたい　　2　住みたくない　　3　わからない（進学・就職で離れる予定）

SQ1　住みたいと答えた方にお伺いします。その理由を自由にお書きください。
（　　　　　　　　　　　　　　　　　　　　　　　　　　　　）
SQ2　住みたくないと答えた方にお伺いします。その理由を自由にお書きください。
（　　　　　　　　　　　　　　　　　　　　　　　　　　　　）
SQ3　わからない（進学・就職で離れる予定）と答えた方にお伺いします。将来は酒田に帰ってきますか、きませんか。各理由を自由にお書きください。
（　　　　　　　　　　　　　　　　　　　　　　　　　　　　）

Q16　アカデミー賞外国語映画賞を受賞した「おくりびと」の影響で酒田の街がメディアに多く取上げられています。その状況について、自由に感想をお書きください。
（　　　　　　　　　　　　　　　　　　　　　　　　　　　　）

Q17　映画「おくりびと」のロケスポット（日和山・旧料亭小幡）を訪れたことはありますか。
1　訪れた　　　2　訪れていない　　　3　訪れてみたい

Q18　毎月のお小遣いはいくら位ですか。
（約　　　　　　円）

Q19　いまの酒田の高校生の流行（トレンド）何ですか。自由にお書きください。
（　　　　　　　　　　　　　　　　　　　　　　　　　　　　）

Q20　酒田で映画やドラマの撮影が行われるとした、どんな内容の作品を希望しますか。ジャンル・内容は問いません。自由にお書きください。
（　　　　　　　　　　　　　　　　　　　　　　　　　　　　）

F1　あなたの性別と学年に○を、そして年齢をお聞かせください。
（　男　　女　）（　高1　高2　高3　）（　　　歳）

F2　高校までの通学方法は何ですか。数字を○で囲んでください。
1　徒歩　　2　自転車（自宅から）　　3　列車　　4　バス

ご協力ありがとうございました。

〈参考文献〉
・伊奈正人、一九九九年、『サブカルチャーの社会学』世界思想社
・仲川秀樹、二〇〇二年、『サブカルチャー社会学』学陽書房
・仲川秀樹、二〇〇五年、『メディア文化の街とアイドル―酒田中町商店街「グリーン・ハウス」「SHIP」から中心市街地活性化へ―』学陽書房
・仲川秀樹、二〇〇六年、『もう一つの地域社会論―酒田大火三〇年、メディア文化の街ふたたび―』学文社
・仲川秀樹、二〇〇四年、「地方都市活性化の試みと世代間にみる影響の流れ―酒田・中町商店街活性化のプロジェクト意識をめぐって―」『日本大学部文理学部研究費研究報告書』日本大学文理学部
・仲川秀樹、二〇一〇年、「メディアからみるおしゃれとカワイイの世界―女性誌の読者層とファッション―」『ジャーナリズム&メディア』第三号、日本大学新聞学研究所
・仲川秀樹、二〇〇九年、「すべてはハマトラからはじまった―女子大生の女性誌選択とファッション傾向―」第二号、日本大学新聞学研究所
・仲川秀樹、二〇〇八年、「マス・メディアとキャンパス・ファッション―分化する女性誌と時代の関係性―」『ジャーナリズム&メディア』第一号、日本大学新聞学研究所

第4章 酒田の街で〝おしゃれ〟と〝カワイイ〟を探す

第1節 二〇〇九年フィールドワーク（予備調査）

1 予備調査の開始

♥共通テーマを探る

これまで二〇〇三年「商店街の活性化」、二〇〇六年「商店街の進化」を共通テーマとして、フィールドワークを酒田市で実施してきた。そして今回、三度目となるフィールドワークをおこなうことになった。過去の成果と課題を背負い、さまざまな思いを抱きながらの再開となった。

地方都市の商店街をめぐる問題は、全国各地で発生している。地域ごとにたくさんの課題をかかえている現状も耳にする。その内在する課題とは、商店街の活性化や賑わいに関するものがほとんどである。どうしたら街に人が集まり、賑わいをもたらすのか、さまざまは試みのなか、永遠に続く課題となっている。既存の課題についていかにあるべきか、地域によって事情も異なり、それに対応するこれといった方策の提示は困難を有している。ゆえに「商店街の問題」は全国共通の課題でもあるのだ。

地域商店街をめぐるそのような状況下、これまで研究対象としてきた山形県酒田市の中町商店街の方策については、過去二度のフィールドワークを通して、すでに研究成果として報告したとおりである。(1)現状で可能な限り、特定地域の問題についての回答は出してきた。

そのような経過から三度目なる今回のフィールドワークについては、「商店街の活性化」とか、「商店街の賑わい」などという問題から離れ、より当該地域に沿った具体的な共通テーマを掲げてのぞむことになった。そのテーマこそ、「酒田の街で〝おしゃれ〟と〝カワイイ〟スポットを探そう」である。時代に即しながらその街に根ざしたスタイルを探していく旅のはじまりである。

♡予備調査のポイント

二〇〇九年フィールドワークにあたっては、九月に実施する本調査のみにゼミ生全員が集中するのではなく、複数のユニットを構成し、グループごとにテーマをもち、予備調査というかたちで実績を残していくことにあった。予備調査のユニットを四つに分けた。その結果を本調査であるフィールドワークに生かすためである。さらに本調査のあとに補充調査を実施、合計六度の酒田入りをすることになった。酒田を知らない若者たちが、酒田をみて、酒田の人たちと接することに重点をおいた。

共通テーマにあるおしゃれやカワイイに関しては、酒田に根ざしたメディア文化を理論的な

(1) 仲川秀樹、二〇〇六年、『もう一つの地域社会論』学文社。

前提に加えた。前回「アイドルで活性化」という導入で既にまとめた成果にもふれた。伝統的アイドルとしての「酒田舞娘」、現代的アイドルとしての「SHIP」であった。(2) 酒田から発信した二つのアイドルには、独自のカワイイが根ざしていた。

さらに、酒田がメインロケ地になった映画『おくりびと』が、米国アカデミー賞外国語映画賞を受賞した時機と重なり、さまざまな映画やドラマのロケーション地として注目された。(3) 地方都市といえどもメディアへの露出が増加したなかで、地元の若者たちはそれをどのように感じているのかも興味の対象となった。

こうした多様な論点こそ、メディア文化の街「酒田」として生成していることをものがたるに十分な予備調査の背景である。本調査前の予備調査の成果を各ユニットの過程から追っていき、共通テーマへの理論構築を図っていきたい。

2　予備調査「ユニット1」

♥酒田まつり創始四〇〇年本祭り前夜「大獅子ファミリーとの出逢い」

フィールドワークに向けての先発隊は、ゼミ長を中心とする三人の学生たちによって構成された。二〇〇九年五月一五日（金）から一八日（月）まで三泊四日の日程である。行程からみていきたい。

五月一五日、一二時に日本大学芸術学部を出発。関越道から東京外環道、東北道に入る。途中、那須高原SAで休憩し、山形道に入り寒河江SAにて休憩。両SAには、首都圏と地方の相違がいたるところでみることができ、既に予備調査ははじまっていた。山形道から酒田線へ、

(2) 仲川秀樹、二〇〇五年、『メディア文化の街とアイドル』学陽書房。

(3) 特徴として、外国語映画、ドラマ、サスペンスと多岐にわたる。リメイク版もある。

一八時すぎに酒田に到着する。今回の予備調査からフィールドワークまで宿泊する、酒田グリーンホテルにチェックイン。一九時に、予備調査でお世話になる地元キーパーソンの方々に協力のお願いと今後の計画などについての確認をする。

到着した日は、酒田市のもっとも大きなイベントである、酒田まつりウィーク中であった。二〇〇九年は、酒田まつりが創始され四〇〇年の本祭りにあたった。(4) 先発隊ユニット1が酒田を立った翌日、一九日から二一日までが本番であり、到着日はその前夜祭の様相を呈していた。市内中町商店街周辺には地元を象徴する「大獅子ファミリー」が展示され、とくに市役所正面に飾られた獅子頭に学生たちから「カワイイ」ということばが発せられ、その何体かに抱きついていた。(5)

公共機関で考える研究テーマ

酒田まつりウィーク中のため、公共機関がオープンしていたことが幸いして、翌、五月一六日は、関係者との挨拶まわりやヒアリングなどに動き回ることが可能となった。八時過ぎにホテルを出て、酒田市役所へ向かう。週末で本来ならクローズだった役所もこの日は総動員に近かった。商工観光部、観光協会を訪れ、挨拶と同時に今回の予備調査の趣旨、九月の本調査への協力などを依頼する。

どこの地域でもそうだが、その街を知るにはインフォメーションの役割をもつ部署を訪ねることが重要となる。パンフレットなどの影響などは度外視して、客観的にエリアを知ることが必要と判断した選択こそ不可欠だ。観光的な部分と日常的な部分、両者を短時間で把握しなくてはならない。

---

(4) 創始四〇〇年本年祭のため、一週間にわたるイベントが続いた。

(5) 獅子頭が酒田のカワイイに登録された。

市役所を出て、一二時に地元FMラジオ局の配慮で、番組に学生三人が出演する機会を得る。番組内では、今回の予備調査の目的などパーソナリティからの質問に答えるスタイルで短時間おこなわれた。質問内容は、「なぜ、酒田がメディア文化の街なのか」という、フィールドワークの本質にかかわるものだった。学生たちは答えるのに苦労した。貴重な経験になった。はじめて酒田入りした学生たちにとって、メディア文化の街の意味を再確認するには十分な問いであった。

「喫茶店」で再考したメディア文化

ラジオ局を出て、すぐに修正にとりかかることになった。

「なぜ、酒田がメディア文化の街か」。ラジオ局のパーソナリティからの問いかけに、ゼミ生はうまく答えられず、課題を残してしまった。修正する時間も兼ねて、一二時三〇分、市内にある喫茶店「さざんか」に入った。オープンカフェやチェーン店が台頭しているなか、酒田には、マスターがいてコーヒー豆を挽き、手作りのケーキやデザートを用意している、いわゆる昭和の喫茶店はまだ多く残っている。(6)

ゼミ生たちは驚きを隠せなかった。何でこんなにホッとするのか、マスターとの距離が短く直接的なコミュニケーションができる、はじめて喫茶店というものに入った感想だった。店内は、クラシックが流れ、西洋絵画が飾られ、芸術雑誌が多くおかれている。

喫茶店というのは、大概マスターの趣向があらわれていて、そこに集うお客さんも、その趣向を共有するパターンが多い。メディア文化の概念を再考し、娯楽性のある文化的パターンとは何かを問いなおすには十分な空間であった。

---

(6) カウンターあるいは客席越しにマスターとコミュニケーションができる。

アカデミー賞の舞台

喫茶店で酒田のキーパーソンと合流し、日和山にある旧料亭「小幡」に向った。ここは、米国アカデミー賞外国語映画賞を受賞した映画『おくりびと』のメインロケ地になった場所であった。小幡内には、オープンセットが再現され、映画の余韻が残る佇まいになっていた。さらにロケ地である映画館「港座」に向った。ここは、実名で登場した昭和の映画館であり、館内はまさにモノクロの世界。「小幡」と「港座」の二大ロケ地をみて、メディア文化の街の意味を説明する下地ができつつあった。(7)

その後も市内を歩き、夕方六時に、市内のお店で、関係者とのミーティングの時間を過ごす。酒田市内の映画やドラマ撮影にサポートをしている、ロケーションボックスのメンバーたちと、活動内容やメディア文化のあり方などの意見交換をして、フィールドワークに向けての準備を進めた。

集中的に酒田の街のこと

先発隊としてのユニット1の予備調査最終日となる、五月一七日。酒田の観光拠点となっている山居倉庫へ。数々のドラマのロケーションに使用されたメディア・スポットであり、観光客は必ず訪れるエリアである。それから午前中は市内の複数の店舗を回る。

一三時に中心市街地にある「マリーン5清水屋」(通称・清水屋百貨店)へ。(8) 本調査で予定しているシンポジウムの会場確認へ。マリーン5菅原種生専務よりフロアの説明を受け、九月の開催に向けてのアウトラインなどを探る。

一三時三〇分、山形新聞社(斎藤秀記者)の取材を受ける。(9) 場所は、中町でも中高生が多く

---

(7) 二月に受賞決定してからセットを整備しリアルに再現。

(8) 九月の本調査で予定されるシンポジウムの下準備。

(9) 注23を参照。

集う「フルーツデリにしむら」の店内をお借りする。斎藤記者のインタビューにゼミ生が答える形で、予備調査の趣旨とフィールドワークの目的などを話す。斉藤記者の的確な質問に、ゼミ生たちも目的を明確に定めることができた。

取材を終えて、一四時三〇分、商店街の「アイライフ」へ。本ゼミの研究サポート店として、つねにお世話になっている店舗。二〇〇三年と二〇〇五年フィールドワークの取材エリアでもある。高橋伸店長より当時の資料をみせてもらい、過去二度の調査との関連性などを話す。

一五時三〇分、喫茶店「ケルン」でヒアリングの整理。ここも「さざんか」同様に昼はコーヒーとデザート、夜はカクテルとまさに昭和の喫茶店。

一八時三〇分、中町の「浪漫亭」へ。庄内米の説明を受け、庄内米で握った市内おにぎり屋六店舗の味を比較する。庄内米の認識はぜひとも必要であるという意見を受けての実施となった。各店舗の味のランク付けをおこなった。

翌、五月一八日、三泊四日の予備調査を終え、九時に酒田を発つ。酒田まつり創始四〇〇年本祭りの前日であった。

♡「ユニット1」のポイント

ユニット1の共通テーマは、先発隊でありフィールドワークの概要をつかむためのトータルコーディネイトの性格をもった。「なぜ、酒田がメディア文化の街なのか」、「おしゃれとカワイイ」をどのようなアプローチによって探っていくかなど、直接現地に入り、考えた。

ゼミ生三人は、さまざまな資料や映像、過去のフィールドワークの様子などから今回の予備調査にのぞんだが、現実の街をみると　多くの課題にぶつかった。そのもっとも大きかったことは理論的前提の部分であった。ハーバーラジオでの問いかけが、すべてをものがたっていた。大きな収穫としては、タイミングが会い、地元キーパーソンや関係機関に趣旨説明などに出向くことができたこと。酒田まつりウィークも幸いした。役所も本来閉まっている土曜日も開いていた。アカデミー賞効果のおかげで、よりホットな酒田のメディア文化を知ることもできた。先発隊としてゼロからの出発であり、第二グループ以降につなげる内容も多い。課題自体は、本調査で示すことになろう。

3 予備調査「ユニット2」

♥「おしゃれとカワイイ」を探す

予備調査ユニット2は、「流行やファッション」を研究テーマにしているゼミ生二人によって構成された。五月二九日（金）から六月一日（月）の三泊四日の日程でおこなわれた。ユニット1と同じように行程をたどりながら課題をみつけていく。

五月二九日に日本大学芸術学部を出発、ユニット1同様の交通機関を経て、一八時四五分に酒田に到着し、宿泊先ホテルにチェックイン。一九時一〇分に、市役所観光物産課を訪ねる。先日終了した酒田まつり創始四〇〇年本祭りの様子などを伺う。一九時四〇分、市内キーパーソン関係者に会い、今回の予備調査の協力のお願いや確認などをおこなう。

二一時、カクテル「雪国」を考案した国際的バーテンダー井山計一氏の「ケルン」を訪れ、おしゃれとカクテルの組み合わせなど、カクテルからカワイイを探したりと、幅広く意見を伺う(10)。

(10) メディア文化を探る酒田のキーパーソン。とくにメディア環境の記録に長ける。

翌五月三〇日は、朝のうちに山居倉庫などのスポットを回り、一一時四〇分に酒田の伝統的カワイイと規定した「酒田舞娘」のいる「相馬楼」で酒田舞娘の踊りを鑑賞する。(11)

一三時に近隣に位置する、ロケーションボックススタッフの案内で映画『おくりびと』の旧料亭「小幡」と「港座」を回る。一四時、市内喫茶店でいくつかの確認をすませ、FMラジオ局へ。番組生出演し、ユニット1の反省を踏まえ、対応する。一五時四〇分から、中町商店街のファッション店舗を訪れ、ヒアリング調査。酒田のおしゃれなどの意見を伺う。一九時より、グリーン・ハウスと並び、酒田のフレンチをリードしてきた「ル・ポットフー」にてレストランゆかりのキーパーソンの説明を受けて食事。庄内の食材でアレンジしたおしゃれなメニューと食器などを確認する。

五月三一日も引き続き、酒田のおしゃれやカワイイに関した白鳥スポットの最上川河口周辺を回る。一一時三〇分、「ル・ポットフー」と歴史的つながりのあったレストラン「欅」にて、ランチをとる。趣向を凝らしたデザートを出してもらい、「ル・ポットフー」との共通点や相違点など、食器とともに観察する。(12)ランチ時、店内は満席だった。

高校生のファッションと生活スタイル

一二時四五分、地元マスコミである荘内日報社(堀裕記者)からの取材を一時間ほど受ける。場所を喫茶店「さざんか」に設定し、おしゃれとカワイイをテーマにした研究と予備調査の実態についてゼミ生二人が答える。

さらに一三時四五分から清水屋にて、堀記者の同行取材、高校生に人気のブランドショップ複数をたずね、酒田の女子高生のファッションについての動向をヒアリングする。(13)

---

(11) 舞娘膳という食事のあと酒田舞娘の踊り披露。記念撮影。

(12) 本書、第5章5を参照されたい。

(13) 注24を参照。

一四時三〇分、市内老舗カメラ店である「七桜」にて、北村芳也代表取締役社長からデジカメ普及化による女性のカメラ浸透度や、記録などの媒体の変化などについての状況を伺う。つづいて一五時一五分、かつて商店街アイドル「SHIP」が活動していた頃、ファンの集まる場所であったメガネ店「アイライフ」に伺う。高橋店長より当時の資料などをもとに「なぜ、酒田にアイドル」というテーマでのヒアリング。中町ならではのスタイルを含め、過去二度のフィールドワークの感想なども伺う。

さらに中町商店街でもっとも中高生の集まるジェラートの「モアレ」にてマスター菅野信一氏より、酒田の若者文化の実態の詳細をヒアリングする。店内商品の見出しなどから「カワイイ」人気の秘密など、本調査に向けてのプレ調査になった(14)。一六時に清水屋にて、百貨店の若者利用度などについて、太田敬店長らスタッフ数人に問いかけをおこなう。

「ユニット2」のポイント

九月に実施するフィールドワークの共通テーマが「酒田の街で〝おしゃれ〟と〝カワイイ〟を探そう」にあることから、ユニット2の仕事は具体的にテーマに沿ったモデルやエリアなどを検証することである。本書で何度か指摘しているように、「映画と食事」が論点になる。映画に関してはメディア、食事に関してはレストラン、ここに絞っての予備調査となった。

実際、「ル・ポットフー」と「欅」で食事ができたことは大きな収穫であった。近年、どこでも叫ばれるようになった地元食材を使用したメニューを出すレストランも、一九七〇年代には、酒田の街で完成していた事実をゼミ生が知ることは意味があった。何も、「おしゃれやカワイイ」はファッションに特定する衣服のみでなく、衣食住の文化的側面の充実度を指すもの

(14) 中高生人気の当店内でカワイイ探しを開始。

である。着こなしてレストランへ、着こなして街へ、着こなして映画館へという具合にトータル的な意味をもったのが、中町ファッションであることを再考する機会になった。

4　予備調査「ユニット3」

「港座」復活祭の夜

予備調査の第三グループにあたるユニット3は、くしくも映画館「港座」復活上映祭の日の酒田入りとなった。ユニット3は、六月一二日（金）から一五日（月）までの三泊四日の日程でおこなわれた。今回の予備調査のテーマは、「映画とカフェ・エリア」である。

六月一二日のお昼に、ゼミ生二人とともに日本大学芸術学部を出発する。一八時に酒田に到着、ホテルへチェックインしてすぐキーパーソンへの挨拶のため、中町へ。そこで本日、映画館港座復活の日にあたることを確認し、二〇時に、日吉町にある港座へ出向く。ちょうど「ローマの休日」が上映中だった。ロビーには、スタッフの方々が各役割に応じた仕事をこなしていた。何人かの方々と話をする。港座は、大中小の三つのスクリーンをもつ特異な映画館である。(15)

当日は、三スクリーンが同時進行していた関係で、映写担当スタッフのいそがしさはかなりのこと。館内ロビーには、一九七〇年代頃の映画雑誌、『ロードショー』や『SCREEN』などが展示されていた。昭和の映画館という代名詞の強い港座らしく、日本映画のパンフレットや、前売り券の半券などがショーケースに陳列されているのは、嬉しい限りだった。

驚きだったのは、ロビーでお酒の販売があったこと。日吉町（旧台町）界隈のお店はほとんどが酒田でも有数の飲み屋街であった。実際、港座に連結しているのは、スナックやバーなど

(15)　グリーン・ハウスとは対照的な昭和の映画館。コーヒーではなく、ハイボール。

が多い。館内ロビーで、生ビールとハイボールが振舞われ、ポップコーンやおつまみも販売されていた。映画上映前の入場時には、港座周辺のお店で利用できるチケットなどの配布がなされていた。「日吉町」イコール「港座」の図式は、日本映画全盛期と芝居興業をおこなっていた頃を彷彿させるという。

映画と喫茶店

六月一三日は、市内のカフェ・エリアとして、喫茶店を回り、柳小路「ケルン」の井山多可志氏には、カウンター越しに一九七〇年代の音楽と若者像などを集中的にヒアリングさせてもらう。

なぜ、いま映画なのかの問いこそ、メディア文化の街の歴史的背景を知ることであるが、それに比例した喫茶店の数にも関心はいく。映画館のパンフレットやチラシには必ず喫茶店の広告が掲載されていた。グリーン・ハウスの場合、毎回上映作品の映画解説が配布されていたが、表紙の映画作品の下段には、特定の喫茶店が紹介されていた。

一七時三〇分過ぎ、港座へ。「港座復活祭」最終日は、著者たちも小劇場に入り、ヒッチコックの「汚名」を鑑賞した。座席からスクリーンまでの角度は、ほどよく、昨今の豪華なシアターに慣れている人には異質に映るかもしれないが、著者には抵抗がなく、復活の感動ばかりが先走った。

二〇時から、ロビーで港座第一回復活祭終了にあたり、阿部剛支配人（台町日吉振興組合副会長）より挨拶などがあった。それに先立ち、ゼミ生たちと阿部支配人に復活までの過程や、港座の今後についての意見などを伺う。

翌、六月一四日は休日の市内関係スポットと喫茶店を回った。中町モールでの路上ライブの観客層などのチェックに追われた。

「ユニット3」のポイント

港座復活祭の模様に立ち会うことができたことが何よりの収穫だった。二〇〇二年の一月に完全閉館してから七年五ヶ月振りにふたたびスクリーンが開いた。この間、阿部支配人、関浩一氏（Sプロ）らが発起人となり、「台町で映画を愉しむ会」を打ち出し、今回の復活祭となった。コーヒーならぬハイボールの提供には驚きもあった。この数年、ハイボールは若者にも受け入れられ、居酒屋などでも人気ドリンクとなっている。昭和の低価格で手頃なお酒が、今度はそれを懐かしむ層と、はじめて出会う層とがうまく溶け込んでのブレイクとなった。それを映画館のロビーで飲める、そんなスタイルを港座にみることができた。

昼と夜とかそんな区別ではないが、大人と若者が楽しむ空間が少しでも増えてもらえれば楽しみ方も倍増するであろう。港座復活は、単に映画を上映するだけではない、複合型のメディア環境を提供する施設として生まれ変わった[16]。

大人のおしゃれという表現もどうかと思うが、カッコよさというものがあるとしたら、いまはアーカイブでしか知ることができない。しかし、酒田の港座に足を運べばそれを体験できる。

（16）映画も演劇もライブもエンターテインメントすべて可能な施設。

5　予備調査「ユニット4」

予備調査もファイナルを迎えたユニット4は、夏休みに入る直前、七月三日(金)から六日(月)までの三泊四日の日程でおこなった。ユニット4のゼミ生二人の担当は、「酒田のメディア・スポットの検証」であった。それと過去三度の予備調査で再確認したい部分などもカバーすることにした。

♥メディア・スポット

七月三日、日本大学芸術学部をお昼に出発する。関越道に乗りやすい条件もあり、毎回ここを出発点にしていた。一八時三〇分にホテル着、チェックインして中町へ。途中、ゼミ生の一人が市役所前の大獅子ファミリーにいたく感激した様子で、これが後に酒田のカワイイのポイントになることに(17)。一九時に、市内のキーパーソンに予備調査の挨拶。二〇時に、「ケルン」にて井山計一氏から話を伺う。

七月四日は、メディア・スポットとして代表的なエリアを回る。九時三〇分に山居倉庫へ、欅並木のメディア・スポット。酒田北港周辺から市内に入り、一一時三〇分、酒田舞娘の「相馬樓」にて、舞娘さんの踊りを鑑賞。JR東日本CM撮影のポイントを確認する(18)。

一三時に、日和山公園から旧料亭「小幡」へ。酒田ロケーションボックスの萩原吉郎理事長スタッフの方々にから、映画『おくりびと』ロケ状況などの話を伺う。一四時に、関プロデューサーの案内で港座へ。館内三スクリーンと音響やロケ状況などの説明を受ける。

一五時に、喫茶店「さざんか」にてヒアリング内容の整理。ジェラート「モアレ」にて菅野

---

(17)　ゼミ生の一人が獅子頭ファミリーに感激、高校生のカワイイと共有することに。

(18)　女優の吉永小百合と酒田舞娘がCMで共演OA。酒田市内主要スポットには、ポスターが掲示されている。

氏より中高生の動向を再聴取。一六時四五分に、ホテルへ。

一八時、ホテル出る。JR酒田駅の「おくりびと」インフォメーションと構内の様子をチェック。一八時一五分、レストラン「ル・ポットフー」へ。関プロデューサー同席、酒田のメディア文化の歴史、映画館とフランス料理。佐藤久一氏という伝説の人物について説明を受ける。

二一時、ホテル着。

「ラジオ」「清水屋」「レストラン」「喫茶店」「中町」

翌、七月五日は、九時二〇分に「FMハーバーラジオ」へ。サンデークルージングに生出演。佐藤和香子チーフアナウンサー担当。ゼミ生へメディア・スポットのアドバイスをいただく。

一〇時に「清水屋」へ、太田敬店長、佐々木健次長に挨拶。九月の本調査確認。一〇時三〇分、「さざんか」にて午前中の内容整理。

一二時、レストラン「欅」にてランチ、「ル・ポットフー」との関係性を料理や店内装飾などからみる。一四時、中町商店街各店舗への挨拶回り。一四時三〇分、演歌歌手のキャンペーンに遭遇。中町でのイベント可能性を確認。一七時二〇分。ホテルへ。

一八時、「伊豆菊」にて酒田名物の夕食。予備調査「ユニット1」から今回の「ユニット4」まで、最終日はここで食事。(19)

二〇時、「さざんか」にて、明日の高校訪問の打ち合わせ、二二時にホテルにもどる。

高校生調査とシンポジウムに向けて

予備調査最終日の七月六日は、八時三〇分にホテルをチェックアウトする。

---

(19) 洋食以外に酒田の和食の代名詞は「庄内豚」であり、伊豆菊の「カツ丼(重)」に伝統的酒田の味として有名。平田牧場の「三元豚ロースカツ膳」は全国的知名度。

九時、昨夜、急きょ決まった山形県立酒田西高等学校の訪問。高校生調査の件で、小柳秀記校長に挨拶と説明など。校内や授業風景などを参観。一〇月に酒田西高校にて開催予定の高校生提言リレーシンポジウム、コーディネイトとパネラーの依頼がなされた。(20)

一〇時三〇分に中町へ、「清水屋」で用事をすませ、「さざんか」でランチをとり、一三時に酒田を後にする。途中、一四時に、ゼミ生が関心を示した朝日村の「大日坊」と「注連寺」に立ち寄ってくる。

♥「ユニット4」のポイント

予備調査ファイナルのため、確認することも多かった。メインはメディア・スポットの検証であったが、こちらは予想以上に回ることができた。一つ確かになったのは、映画『おくりびと』で一躍有名になったスポットもあったが、突然取り上げられているものばかりではないこと。「山居倉庫エリア」「新井田川」「最上川河口」「日和山公園」「海向寺」をはじめとするメディア・スポットは、多くのドラマで使用されたロケ地である。(21) ドラマの多くはサスペンス中心ながら、恋愛、ラブストーリーも増加している。

最後の予備調査では、九月のシンポジウムに向けての準備を進めることができた。同時に、一〇月にあらたな高校生シンポジウム開催の協力があり、課題も増えた。

---

(20) 注29を参照。山口常夫山形県教育長、軽部正治東北芸術工科大学教授、それに著者とゼミ長の千野れいか、原田怜子。

(21) 酒田ロケーションボックスのインフォメーションに詳しい。

第2節　二〇〇九年フィールドワーク（本調査）

1　三度目の酒田フィールドワーク

ふたたびゼミ生たちと酒田へ

四度の予備調査を終え、ゼミ生全員でふたたび酒田の街を訪れる。二〇〇九年フィールドワーク本調査の開始となった。九月一七日（木）から二一日（月）まで、四泊五日の日程である。今回の参加ゼミ生は、予備調査メンバー九人に、本調査組五人、計一四人の三年ゼミ生たちである。

九月一七日、九時に日本大学文理学部を出発、首都高から外環、東北道に入る。那須高原、国見、寒河江の各SAで休憩をとり、一六時一〇分、酒田到着。宿泊先の酒田グリーンホテルチェックイン。一七時一五分にホテルを出て、一七時三〇分、マリーン5清水屋へ。菅原専務の説明でシンポジウム会場の設営状況の下見。一八時三〇分、関係者との中町ミーティング。二一時四五分ホテルへ戻る。

酒田市内高校生と合同ゼミ

九月一八日、八時一五分、ホテルを出る。八時三〇分、酒田市役所正面にて、小野直樹観光物産部長に挨拶、記念撮影。八時四〇分、市長室にて、阿部寿一酒田市長、中村護酒田市副市長へ表敬訪問、記念撮影。九時三〇分市役所を出る。

九時四〇分、ゼミ長、ゼミ長代行二人とタクシーで酒田西高等学校へ、小柳秀記校長。一〇時五分に出る。一〇時二〇分中町商店街でゼミ生と合流。「モアレ」「藤波茶園」「ごろや」「七桜」「アイライフ」「蜂屋」「斉藤精肉店」の各店舗。「中町中和会振興組合事務所」。

一一時、山形新聞平野新聞舗、平野宣代表取締役から酒田の特質などの説明を受ける。記念撮影。一一時三〇分に出る。一一時四五分からゼミ生各自、中町商店街のチェックと自由行動。

一二時四五分、ホテル発。一三時、山形県立酒田商業高等学校着。井上恭一教頭、猪又義則教諭担当。荘内日報社の堀裕記者の取材。一三時二〇分から一四時一〇分、国際科生徒二四人と合同授業ゼミ。一四時二五分から一五時一五分、生徒とゼミ生のフリーの意見交換。終了後に記念撮影。中山正行学校長へ挨拶、ゼミ長、ゼミ長代行記念撮影。一五時三〇分出る。

一五時五〇分、山形県立酒田東高等学校着。富士直志校長へ挨拶と本調査の説明。一六時三五分から一七時一五分、酒田東高校生徒代表一〇名とゼミ生たちの意見交換会。記念撮影。一七時二〇分出る。

一七時四〇分、マリーン5清水屋。6Fシンポジウム会場、5Fフリマ会場の設営準備。マリーン5菅原専務、清水屋佐々木次長。KETY関浩一プロデューサー立ち会い。一九時四〇分出る。以降自由行動。ゼミ生たちは、「伊豆菊」にて酒田の味を楽しんだ模様。(22)

(22) 本調査では、予備調査の経験からフレンチとお寿司と和食に分かれた。リピート店に関心が集まる。

2　予備調査から本調査へ

♡「女子大生〝カワイイ〟コレクション」開催

九月一九日（土）、八時一五分ホテルを出る。マリーン5清水屋着。6Fにて「女子学生〝カワイイ〟コレクション」準備。九時三〇分清水屋開店、フリマ開始。(23) キャッチフレーズは、「現役女子大生の私たちが気に入ってる、ファッション商品（古着・アクセサリー）や小物・グッズなどを持ち寄り、出品します。女子大生一二人が東京から愛用の商品を持ち込みました」。

途中交代で休憩ランチ、「鈴政」グループ、「欅」グループ、「喫茶店」グループに分かれて酒田の味を比較する。

一九時フリマ終了。撤去作業、一九時三〇分清水屋出る。以降自由行動。

♡「中町シンポジウム」開催

九月二〇日、九時四五分、ホテルを出る。九時五〇分、山居倉庫にて記念撮影。一〇時一〇分、マリーン5清水屋着。6Fイベントホールにてシンポジウム準備。一二時、山形新聞社の滝井充明記者、河北新報社の浅井哲朗記者の取材。

一二時三〇分、「第二回中町シンポジウム」開始。(24) 一三時四五分休憩。山形新聞、河北新報、読売新聞の取材。

一四時シンポジウム再開。一五時三〇分シンポジウム終了。シンポジウム参加者への挨拶。会場撤去作業。一六時四五分出る。自由行動、ホテルへ。

---

(23) 毎月第三週の土曜日は「中町の日」としてフリーマーケットを開催。特別参加。

(24) 第一回は二〇〇五年九月に開催、共通テーマは「メディア文化の街と商店街の進化」。

一八時ホテルを出る。一八時一五分、マリーン5、清水屋関係者への挨拶回り。

一八時四五分、フィールドワーク懇親会。酒田ロケーションボックス、中町商店街、商工会議所関係者とゼミ生たちのフィールドワークの総括。記念撮影。二一時懇親会終了。

二一時三〇分、ホテルへ戻る。

フィールドワーク終了

九月二一日、すべての行事終了。九時、宿泊先ホテルチェックアウト。九時三〇分、酒田市役所関係者から庄内米でつくられた地元酒田米菓の「オランダせんべい」差し入れ。スタッフの見送りを受けて、ゼミ生たちと酒田を出る。山形道に入り、寒河江SAにて休憩、東北道に乗り、安達太良SAにて休憩。九月連休に重なり東北道大渋滞、東北道八坂ICからいったん一般道で迂回し、再び徳丸ICから東北道に乗り、一九時過ぎに日本大学文理学部到着。

二〇〇九年度フィールドワーク全行程終了する。

第3節　二〇〇九フィールドワーク補充調査と高校生シンポジウム

1　さらに一週間の旅へ

酒田のおしゃれ「刈屋梨」をたずねる

本調査を終えて一ヶ月になる直前、一〇月一六日(金)から二二日(木)までの六泊七日の日程でシンポジウム参加を兼ねた補充調査のために、さらに一週間の酒田の旅へ。

一〇月一六日、一〇時一五分に日本大学文理学部を発つ。外環東北道に入り、上河内SA、福島松川PA、国見SA、蔵王PA、寒河江SAにて休憩を取りながら、一七時三〇分酒田入り。一七時五〇分に宿泊先の酒田グリーンホテルチェックイン。一八時五〇分、市内キーパーソン二名に挨拶、二〇時四五分に酒田を出て庄内空港へ。二一時一五分、学生を迎える。一〇時ホテル着。

一〇月一七日、九時二〇分、ホテルを出る。一〇時、刈屋梨の生産者、三浦雅明氏の作業場を訪問(25)。本調査シンポジウムにて刈屋の梨を差し入れていただいたお礼。大学生による酒田のおしゃれは「刈屋梨」と伝える。梨の生産過程、品種による出荷状況と味など説明を受ける。三浦雅明氏の秘めた熱意に感動した。そして尊敬の念を抱いた。

---

(25) 刈屋梨生産者というより農業がメインという。三浦氏独自製法の「庄内米ササニシキ」は希少。

♥「どんしゃんまつり」と「ル・ポットフー」

一二時に中町へ。酒田は秋の収穫を祝う「どんしゃんまつり」の最中だった(26)。中町モールにて出店している山形名物の庄内味「いも煮」を食べる。山形県の秋の味覚の代表料理。一三時「さざんか」へ、今後の打ち合わせ。

一四時、高校生が集まる「ロックタウン」へ。学生たちははじめての場所。さらに女子高生スポットの「La Casa」へ、確かにこれは人気があるのに納得した(27)。

翌、一〇月一八日も「どんしゃんまつり」中、ほぼフリーな一日となる。

一八時、ホテルを出て、一八時三〇分、「ル・ポットフー」へ。酒田のキーパーソン二名も同席。ゼミ長はこのレストランははじめてのこと。他のゼミ生の何人かは、予備調査などで食事を経験ずみ。二〇時三〇分ホテルへもどる。

♥市内各高校へ補充調査

一〇月一九日、八時四五分、ホテルを出る。九時、酒田東高等学校、富士直志校長訪問。本調査のお礼と研究中間報告など。九時三〇分、酒田市役所商工観光部、小野直樹部長、杉原久商工港湾課長。本調査とシンポジウムのお礼、関係資料受け取る。一〇時、酒田西高等学校、小柳秀記校長。高校生提言リレー打ち合わせ。

一一時、小柳校長と刈屋梨生産者、小松賢氏作業場へ(28)。一二時三〇分出る。

小柳校長の運転で、一三時、平田兆海の森へ。一四時三〇分、羽黒山山頂を案内してもらう。

一五時五〇分、酒田西高校へ戻る。生徒会の生徒と打ち合わせ。一六時五〇分出る。一七時四〇分ホテル着。

(26) 冬の日本海寒鱈まつり、春の酒田まつりに続く秋の収穫を祝ってのお祭り。

(27) 高校生調査の女子高生おしゃれスポット参照。

(28) 刈屋梨生産者でアイデアマン。メディア露出も多い。

一八時一五分、ホテルを出る。一八時三〇分、「鈴政」へ。ドラマなどのロケ先として登場する。酒田を代表する寿司屋。(29)本調査期間中に何人かの学生がここを訪れていた。素晴らしい味だったと。一九時五〇分出る。二〇時一〇分ホテル着。

♥シンポジウム関係者への中間報告

一〇月二〇日、一〇時一五分ホテルを出る。一〇時三〇分、株式会社平野新聞舗の平野宣社長に挨拶。本調査の資料と広報関係の資料を電子化してもらう作業。号外移動カーの試乗。一二時、平野社長から「花菱」で昼食をいただく。一四時、「さざんか」にて、これまでの書類の整理。

一五時一五分、マリーン5清水屋の佐々木健次長にシンポジウムなどの挨拶。研究状況の中間報告などの説明。一六時、日和山公園周辺スポットを回る。「小幡」から「海向寺」境内。雨上がりに虹が海向寺境内にかかる。ここから酒田市内の全貌がみえる。重要なエリアであることをあらためて知る。一六時五〇分、海向寺の伊藤隆文住職より、特別に室内のドラマロケ場所の案内、原作版とリメイク版でどの部分が変更になったかなどを伺う。(30)この説明は、研究の上でも貴重な内容となった。一七時五〇分出る。JR酒田駅から一八時、ホテル着。

一八時一五分、ホテル出る。一八時二〇分、料亭「香梅咲」へ。港町酒田を代表する歴史ある料亭。酒田市役所関係者との意見交換。二一時二〇分ホテル着。

---

(29) ロケーションボックス関係スポット。

(30) フジテレビジョン『多摩湖畔殺人事件』(一九九五年九月一五日OA)、リメイク版(二〇〇七年八月三一日OA)の二度のメインロケ地。

2 高校生シンポジウム

♡「未来のやまがた」提言シンポジウム

一〇月二一日、九時四五分、ホテルを出る。一〇時三〇分、「さざんか」にて学生との最終打ち合わせ。

一二時、酒田西高校着。小柳秀記校長、校長室にてシンポジウム関係者と挨拶、打ち合わせと食事。参加者は、パネラーとして、山口常夫山形県教育長、東北芸術工科大学の軽部政治教授、京都造形芸術大学二年生の熊谷佳子、日本大学文理学部三年の千野れいかの各氏。それに酒田西高校の生徒のみなさん。コーディネーターは著者。

一四時五分、シンポジウム開会、講演会開始。一四時四〇分、高校生による「未来のやまがた」提言シンポジウム開始。一五時三〇分終了[(31)]。一六時四〇分、高校生座談会、生徒会中心の生徒一〇人とゼミ生と著者とのあいだで、フィールドワークや、高校生調査結果などの意見交換。一七時四〇分終了。一七時四五分に出る。一八時二〇分ホテル着。

♡「大獅子ファミリー」

一八時四〇分、ホテルを出る。一八時五〇分、レストラン「欅」にて、総括の反省会。高校生シンポジウムと補充調査のまとめ。二〇時一〇分に出る。酒田最後の夜、中心市街地を歩いて、市役所前で「大獅子ファミリー」と記念撮影。二〇時四五分、ホテル着。

一〇月二二日、酒田最終日。九時にJR酒田駅へ山形新聞朝刊購入、昨日の高校生提言リ

---

(31) 山形県四地区の最後を飾り庄内地方の本校にて開催。

レーシンポジウムの記事掲載。一〇時にホテルチェックアウト。ホテル前の山居倉庫で学生たち買物など。一〇時二〇分、リニューアルした清水屋1F食品館を見学、太田店長、佐々木次長としばらく話す。一〇時四〇分、「さざんか」で関係書類の整理。

一一時四五分、中町にて食事。キーパーソン同席。海向寺伊藤隆文住職より、ドラマロケのDVDが用意できたとの連絡を受け、受け取る。関係者に挨拶をしてお店を出る。

一三時一〇分、七日間の滞在を終え、酒田を発つ。山形道から東北道、寒河江、安達太良、上河内各SAで休憩を取りながら、二〇時に大学到着。

二〇〇九年フィールドワーク、補充調査と高校生シンポジウムすべての行程が終了する。

第4節　メディアとフィールドワーク二〇〇九

1　予備調査の報道

♥『山形新聞』（二〇〇九年五月一九日付朝刊）(32)

「学生の視点で活性化策」

大学のゼミの学生が一六日、一七日の両日、酒田市内でフィールドワークをおこなった。九月の本格的な調査を前に、予備調査の第一陣三人が中町商店街や話題の観光スポットを探索。学生たちは本年度末までに調査報告書をまとめ、若い世代から見た中心市街地の活性化策や企

(32)　本文記事の一部を抜粋。斎藤秀記者取材。

画を提案する。

担当教授のゼミは若者の流行や生活スタイル、マス・メディアの社会的影響などを研究しており、今回は三年生一四人が、四グループに分かれて七月までに酒田を訪問。若者向けスポットを探したり、地方と都市部におけるファッションや喫茶店文化の違い、商店街の取り組みなどを調べる。

担当教授は、一九七〇年代まで洋画封切りが東京と同じ映画館が酒田にあったことや、中町商店街が企画したアイドルグループが二〇〇七年まで活動していたことなどから、酒田を「メディア文化の街」と定義。フィールドワークで学生たちと共にたびたび酒田を訪れており、今回が、二〇〇三年、二〇〇五年に続く三度目の調査となる。

第一陣として酒田を訪れた三人のゼミ生は、中町商店街や映画「おくりびと」のロケ地となった旧割烹小幡などを調査。店主らから商店街の取り組みや目指す方向性などを聞き、「おくりびと」効果に沸く酒田の観光振興策などを調べた。

九月はゼミの三年生全員が酒田を訪れ、地元の高校生約七〇〇人を対象にしたアンケート、商店街の活性化策を探るためのシンポジウムの開催を予定している。

♡『荘内日報』（二〇〇九年六月三〇日付）(33)

ズームアップ庄内「メディア文化の街・酒田に焦点―学生がフィールドワーク」

担当教授のゼミ「メディア文化論」を履修している三年生が、酒田市でフィールドワークを繰り広げている。今年九月に酒田市で行う「メディア文化の街のファッションエリアとカワイイスポット」をテーマにした研究活動に向けた予備調査の一環。学生たちは中心市街地を回り、

---

(33) 本文記事の一部を抜粋。堀裕記者の署名記事。

自らの主観で「カワイイ」と思えるスポットを探し回っている。

担当教授と学生たちは、二〇〇三年に「中心市街地活性化」、二〇〇五年に「中心市街地の進化」をそれぞれテーマに、酒田市内で研究活動を繰り広げている。二〇〇三年には、市内在住の生徒・学生、一般消費者、中心商店街店主らを対象に活性化策に関しヒアリング調査。それを踏まえ、中町商店街が企画したアイドルグループ「ＳＨＩＰ」（二〇〇七年解散）が中心商店街に与える影響などをまとめた研究報告書を発表し、酒田市で報告会を開催した。

これまで『メディア文化の街とアイドル』（学陽書房）のなかで、映画評論家の淀川長治さんが「おそらく世界一の映画館」と称した「グリーン・ハウス」や「ＳＨＩＰ」、魅力的な酒田舞娘の存在から、酒田をメディア文化の街と位置づけた。

二〇〇五年に行った研究活動を受け、二〇〇六年に『もう一つの地域社会論―酒田大火三〇年、メディア文化の街ふたたび―』（学文社）では、グリーン・ハウスを酒田の「メディア文化の象徴」として再考察した上で、グリーン・ハウスが酒田のメディア文化に与えた影響、中心市街地活性化に向け学生たちが考えた人の流れ（ルート）などについてまとめた。

今年、九月に五日間の予定で行う本年度の研究活動は、「カワイイ」という言葉をキーワードに、若い世代が考える中心市街地活性化に向けた企画をより具体的に提案しようというもの。中町商店街関係者や酒田市内の高校生に対するヒアリング調査を中心に実施する方針。

このための予備調査は五月一五日にスタート。三年ゼミ生一四人が、四グループに分かれ、四日間の日程で酒田を訪問。七月上旬までの間、「カワイイ」と思える若者向けスポットを探したり、中心商店街の店主らから活性化に向けた取り組みなどを聴き取っている。

担当教授は、二〇〇三年に開催した報告会の席上、酒田の活性化について「大火でだめになったなどと、帰属処理的な考え方はやめよう」など、現実を正確に検証する必要性を強調した上で、「非日常的な生活消費の場として、文化的な側面にも力を入れて」と一つの方向性を示していた。

今年九月の訪問時にも「中町シンポジウム」とした研究活動の中間報告会を開催する予定。酒田の中心市街地が潜在的にもつ可能性が若者の手でどこまで表出するか。市街地の学区内で生まれ育った者として担当教授と学生たちの研究活動に期待したい。

2 フィールドワークの報道

♥『荘内日報』(二〇〇九年九月二〇日付)(34)

「酒田の〝おしゃれ〟は。ゼミのフィールドワーク」

担当教授の三年ゼミ生一四人が、フィールドワークとして一七日から五日間の日程で酒田市を訪問。一八日に酒田市内の二高校を訪れ、生徒たちを対象に「おしゃれ」をテーマにヒアリング調査を実施した。

今回は、「メディア文化の街の〝おしゃれ〟と〝カワイイ〟スポットを探そう」がテーマ。「活性化」と「進化」に続き、商店街としての「オリジナル性」を探るのがテーマという。今年の五月から七月にかけてゼミ生たちは、酒田市で予備調査を実施。自らの主観で「おしゃれ」と思えるスポットを探したほか、市内の高校生を対象にアンケート調査をおこなった。

一八日は、酒田商業高校、酒田東高校の二高校を訪問。このうち酒田商業では、三年生二四人が協力した。ゼミ生が「中心商店街にどんなファッションの店があったらいいか」と聞くと、

(34) 本文記事の一部を抜粋。堀裕記者取材。

生徒たちは「カジュアル系」「ストリート系」と答えていた。また、アンケート調査で「酒田でおしゃれなスポット」という問いに対し、「ロックタウン」という答えが一番多かったことを受け、ゼミ生は「ロックタウンのどんなところがおしゃれか」と質問、生徒たちは「店が多いから」「おしゃれなところがほかにない」などと語った。

担当教授とゼミ生は二〇日、酒田市内の中合清水屋店６Ｆで、今回のフィールドワークの成果を発表する「中町シンポジウム」を開く。

♡『山形新聞』（二〇〇九年九月二五日付朝刊）(35)

「酒田の商店街で探る、おしゃれとカワイイ―活性化策を調査、提言―」

大学でメディア文化論を研究テーマにするゼミの学生による中町シンポジウムが二〇日、酒田市の中合清水屋イベントホールで開かれた。三年生一二人の女子学生が、「〝おしゃれ〟と〝かわいい〟スポットを探そう」をテーマに、五月からフィールドワークなどを実践しながら研究してきた中心商店街の活性化策などについて発表。特産品「刈屋梨」をカワイイフルーツとしてブランド化を、中町モールに花壇を―などと提言した。

担当教授は、二〇〇三年に「中心市街地の活性化」、二〇〇五年に「中心市街地の進化」をテーマに酒田市内で調査、研究した。かつて映画館グリーン・ハウスの洋画の封切が東京と同時だったことや商店街が企画したアイドルグループの活躍などから酒田を「メディア文化の街」と定義。今回について「酒田の商店街が潜在的に秘めているオリジナル性を若い世代のおしゃれ、カワイイという視点から探るのを狙いにした」と語る。

若者の流行や生活スタイル、マス・メディア論などを研究している学生は、五月・七月にか

---

(35) 本文記事の一部を抜粋。滝井充明記者取材。

けて予備調査を実施。若者向けのスポットや地方と都市部における喫茶店文化、ファッションの違い、商店街の取り組みなどを調べ、七〇〇人の酒田市内高校生を対象にアンケートをおこなった。九月一七日からは三年生全員が酒田を訪れ、商店街訪問、市関係者、酒田商業高校、酒田東高校生徒との意見交換などに取り組んだ。

シンポジウムでは、三人の報告。「酒田は外部から流入した文化を取り入れ、オリジナルの文化として定着させている」「酒田舞娘は愛らしく、伝統的かわいいの代表だ」「喫茶店、レストランは内装、食器、味のどれもがよく、東京に負けてはいない」などと評価した。

今後の活性化策については、「地域と商店街のつながりを深めるために中町モールに花壇を設置し、常に花で彩っていてほしい」「獅子頭のキャラクター化、ヘルシーなフルーツとして『刈屋梨』のブランド化を」などと提言した。市民との意見交換では「中町モールに車両を通すべきか」「調査では高齢者からの視点も必要ではないかなど」と熱心に議論した。

年内に報告書をまとめ研究成果を本として出版する。

♡『河北日報』(二〇〇九年九月二二日付朝刊)(36)

「女子大生〝かわいい〟発掘―独自の感性で街活性化―」

東京の女子大生の感性を地方都市の活性化に活かそうと、女子学生による手づくりの公開シンポジウムが二〇日、酒田市の清水屋デパートで開かれた。

担当教授が二〇〇三年から、酒田で取り組むメディア文化に関するフィールドワークの一環。研究で訪れた三年生の女子学生一二人が「かわいい」「おしゃれ」をキーワードに、発信力をもつ「メディア・スポット」となる場所やモノを探し出し、シンポジウムでは七人が発表した。

---

(36) 本文記事の一部を抜粋。

独自の「かわいい」要素には映画『おくりびと』のロケ地や酒田舞娘、獅子頭、酒田特産の刈屋梨などがあげられ、女子学生たちは関連した商品化の重要性を指摘。「酒田舞娘は妹的な気質があり、京都とは違う魅力がある」「東京にはない歴史的な建物を中心に、港町の伝統を伝えていくべきだ」といった意見も出された。

担当教授は「一九七六年の酒田大火以前は映画館も多く、酒田のメディア文化は東京に引けをとらなかった。若者に訴える『かわいい』部分をいかに打ち出していけるかが重要になる」と話していた。

♡『山形新聞』(二〇〇九年一〇月二日付朝刊)(37)

「取材雑記―好奇心と探究心―」

先日、酒田市内で開かれた学生による中町シンポジウムを興味深く拝聴した。「〝おしゃれ〟と〝カワイイ〟スポットを探そう」をテーマに、調査、研究してきた中心商店街の活性化策などについて発表した。

ゼミ生は三年生の女子学生一二人。五月から予備調査、七〇〇人の市内高校生を対象にしたアンケート、商店街訪問などのフィールドワークを実践してきた。酒田での調査費、旅費はゼミ生の自己負担。一二人は酒田の歴史、文化、自然、食に触れながら必死に酒田のおしゃれなポイントを探索した。

その結果、酒田舞娘、刈屋梨、レストラン、喫茶店など東京に負けないすてきなスポットが数多くあるのに驚いたという。「なぜ映画のロケ地に酒田が選ばれるのか」の疑問を実体験を通して解決できたと笑顔を見せる学生もいた。普段、何げなく生活していると本物のよさに鈍

---

(37) 本文記事の一部を抜粋。

感になる時がある。「あくなき好奇心と探究心」の大切さをあらためて認識させられた。

3　高校生による「未来のやまがた」提言シンポジウム

♥『山形新聞』（二〇〇九年一〇月二二日付朝刊）(38)
「自分たちの郷土にもっと自信を持とう―高校生ら「リレーシンポジウム」」

県内の高校生が山形の未来について識者らと語り合うシンポジウムが二一日、酒田市の酒田西高校で開かれた。村山、置賜、最上の各地区の高校生からの提言を受けて同校の生徒らがパネルディスカッションを展開、「若い世代が中心となって酒田や山形県をもっとアピールしていきたい」などと述べた。

出席者は「地域づくり、街づくり」をテーマに討論。「もっと自分たちの郷土に自信をもっていい」「まずは酒田のことを知るべきだ」と主張。「ふるさとの良さを力強くアピールできるようになってほしい」、「地元が好きという気持ちを大事にして」とアドバイスを送った。

シンポジウムは、県教育委員会が各地区一校を指定し、高校生の提言をリレーする形式で二〇〇八年七月に始めた。山形北、米沢東、新庄北の各高校で開催。▽本県の現状を知り改善点を探そう▽都会の便利さだけを求めず地域の伝統を引き継ごう―などの提言が出ていた。県教育委員会は年内に提言をまとめ、県のホームページに掲載する。

(38) 本文記事の一部を抜粋。齋藤秀記者取材。

第5章

女子大生からみた酒田の街の〝おしゃれ〟と〝カワイイ〟

1　酒田の街に触れて

千野れいか（ゼミ長）

二〇〇九年夏、私たちは山形県酒田市で「中町シンポジウム」を開きました。その準備も含めた予備調査「ユニット1」で春に一度、フィールドワーク終了後に、今度は、酒田西高校での提言リレーシンポジウムと、挨拶を兼ねた補充調査で秋に一度、合計三度の酒田になりました(1)。

本文をまとめるにあたり、私自身、さまざまなことを思い返しました。五月に、初めて酒田を訪れた時のこと、名刺の渡し方さえ分からなかったこと、「ここに来てくれてありがどの」と地元の方に話しかけていただいたこと、自分の未熟さに腹が立ったこと、シンポジウム終了後に、握手を交わした先生の瞳も私と同じだったこと、突然、虹が現れたこと…すべての体験は酒田の地によってなされました。これらすべて、私のいまにつながっています。

酒田を訪れたのは、九月のシンポジウムに向けての予備調査の先発隊として、五月の酒田ま

(1)「未来のやまがた」提言シンポジウムのパネリスト。

つりに合わせての調査でした。酒田まつりウィークのためか、酒田の中心市街地である中町は人が集まっていました。東京のお祭りと比べたら確かに人は少ないのですが、田舎と聞いていた私のイメージは崩れていきました。ファッションも東京と差はありません。しかし、決定的に違うことは、若者がいないということです。中高大学生がすっぽり抜けているという表現が適切だと思います。近隣には高校や中学校があるのになぜ中町には来ないのだろうか、これが最初の疑問としてあがりました。中町は、通学路・買い物・プリクラと条件はおさえているように思えました。

ところが、この疑問には例外が生じるということです。それは「モアレ」というジェラート屋さんです。私たちの調査中も若者の頻繁な出入りが確認できました。

つぎに私たちが登録した〝カワイイ〟もの（モデル）です。社会学でのカワイイの定義とは複数の人びとが、特定のモデルを「カワイイ」と登録したら、それはそこで共有される「カワイイ」なのです。誰か一人がそのモデルの持つカワイイに気づき「カワイイ」と発すると、他の子も同じ集団という同調意識からカワイイに共感し、そのモデルを登録していくことです。「大きな獅子頭」はその代表です。街の途中にある獅子頭はカワイイのモデルでした。路上のタイルやタクシーのランプ、トイレの表示までに獅子頭のカワイイをみることができました。

ファッションとしてのフルーツを考えてみたいと思います。私たちは山形県と言ったら、さくらんぼを思い浮かべます。では酒田と言ったら何が来るでしょうか。結論から言うとそれが「刈屋梨」だったのです。私たちがカワイイやおしゃれを自分に取り入れるとき、アイテムだけじゃ物足りません。カワイイ服をおしゃれに着るためには、自分自身がファッションでなくてはなりません。トータルコーディネイトです。そのニーズと見事にマッチングしているのが〝刈屋梨ブランド〟といえます。三回目に酒田を訪れたときに刈屋梨を実際に生産している三浦雅明さんをたずね、お話を伺いました(2)。三浦さんが二〇年以上も前から使っているご自分の名刺の裏には「ヘルシー・グルメ・フレイズ・ナチュラル」と記されてありました。梨には、水分量も大変多いうえに、油分を分解する力があるのです。梨は、内側から「おしゃれ」を楽しみかつ真っ白い花をみて「カワイイ」を感じるフルーツなのです。実際、多くの種類があることを知りました。ゆえに分散化することで、多くの人びとの嗜好をカバーできると思います。そんな魅力的な刈屋の梨はこだわりのいっぱい詰まったものでした。そのためあまり多く生産されてないのが現状です。しかし生産者の方はそれでいいそうです。つまり質へのこだわりが希少価値を生み〝刈屋梨ブランド〟となるのだと感じました。

若者文化と発信。今回の調査で外せないのが若者、とりわけ高校生への聴き取りでした。一番吸収力のある高校生がどんなものにカワイイを感じるのかは大変興味深いことでした。その謎が解ければ、必然的になぜ中町に若者がいなかったのかがわかるからです。とくに、女性誌講読の数字も明らかになりました。首都圏とほぼ同じ傾向だったのです(3)。

そして多くの高校生は、「もし、清水屋の前のパチンコ店が、一階がマックとスタバで、二階はミスド、三階に本屋、そして四階が映画館だったら中町に行きますか」の問いに大きくうなずいてくれました。つまり高校生たちは友達としゃべる場やメディア情報を吸収できる場を必要としているのです。街に多くの喫茶店があり、大人が時間を楽しむのと同じように、高校生の交流の場が中心市街地にはありませんでした。だからジャスコやロックタウン、とりわけ道頓堀（お好み焼き）へ移って行かざるを得ないのです。

私が印象に残っているのは、映画館の話題でした。「みんなが、中町に欲しいと感じている

（2）刈屋梨生産者でササニシキ栽培の農業従事者。

（3）マス・メディア情報認知度。

店って何だと思う」という問いかけに、最前列の生徒が〝映画館〟と答えてくれました。メディア文化の歴史がある街にそれがないことへの矛盾を感じました。そして、「グリーン・ハウス」のような映画館の必要性が高校生からの発信としてありました。かつて中町の中心として存在した映画館です。東京と酒田を同時ロードショーで結んだグリーン・ハウスの話題があがった時、盛り上がり、酒田大火以前と現代を結んだ瞬間のようでした。これが若者文化として確立し、自信となって発信され続ける可能性を信じています。(4)

一年前の私が酒田に三回も足を運ぶなんて正直思ってもいませんでした。しかし回を重ねるごとに、自分の街のような感覚になっていました。どこかで見かけたことある人やモノに溢れていきました。フィールドワークとはまさにこういうことだと思います。自分が調査することで、メッセージを発信できます。そしてわたしは第三者であって、第三者ではなくなるのです。酒田の街が大好きになりました。自分のアンテナで感じ、追究したことですべてが財産になりました。そこには、自分自身のカワイイものへの関心や若者文化の今をみつめようという姿勢がありました。ゼミ長としての責任とプライドがありました。そして何よりも人の存在が一番大きかったと感じています。東京から来た大学生に手を差し伸べて、耳を傾けてくださる人たちがいます。酒田という街は、そんな温かい人びとの集まりなのです。

最後になりましたが、改めて感謝を申し上げさせていただきたいと思います。ゼミ長という役は同じ思いをもつ仲間や、進むべき道を指導してくださる方の存在があって続けられています。みんな夜遅くまで部屋でパワーポイントのチェックや発表の準備に付き合ってくれました。失敗してもチャンスを与えてくれました。大変未熟な私が今ここに入れるのは皆様のおかげです。本当にありがとうございました。ここにいる幸せを海向寺から出た虹が物語っているよう

(4) リアルタイムでのメディア環境の充足。

でした。(5)

2　それぞれが抱く理想の街「酒田」

原田怜子（ゼミ長代行）

酒田市のことを知って、一年近くになろうとしている。どういう歴史があり、どういう街なのかを事前に本などで調べた。それが実際に酒田を三回も訪れる、滞在日数はのべ一六日間にもなった。(6)そんな長い時間を酒田で過ごし、聞いたり見たりしたなかで印象的だったのは、「土地に根付く世界観」と「あらたに生まれる東京的空間」だった。地元の文化を愛しながらも、より発展した都会的なものに惹かれる高校生たちの視点に気づいた時、酒田の街をベースにいまの地方都市の方向性もみえてきたようだった。

酒田市には多くの観光地や、メディア・スポットが存在する。それは建造物であったり、自然や風景など幅広い。そのなかで、今回は、中町のメインスポットでもある清水屋を中心に交流の場をつくる、歴史ある中心市街地の「中町商店街」。そして高校生の共通の場になっているあらたな遊び場の「ロックタウン」の二つを取り上げてみたい。

「中町商店街」。酒田市の中心地であり、人口一〇万都市にデパートがある。庄内唯一の「清水屋」百貨店がメインに構えている。また、先日NHKにて全国放映されたドラマ「SKIP」のモデルになった場所でもある。ここを中心にメディア文化を発信、有名観光スポットへ出る拠点にもなる。中町商店街は、酒田市のメインスポットである。(7)

「ロックタウン」。広い敷地内に大きな駐車場を完備し、いくつもの店舗がならぶ一大ショッ

(5)「海向寺」は本書、第4章第3節を参照されたい。

(6)「未来のやまがた」提言シンポジウムのサポーター

(7)中町商店街発アイドル「SHIP」の実在ドラマ。「SKIP♪～商店街が生んだアイドル～」は、NHK総合テレビにて二〇〇九年九月一一日OA。BS2で九月二〇日再放送。

ピングタウンである。スーパーマーケットやレストランからはじまり、ファッション、スポーツ用品店、ゲームセンターや本屋もある。付近にはリサイクルショップや、ファミリーレストラン、女子高生好みのおしゃれな雑貨屋も存在している。高校生調査の質問項目、「中町に欲しい新しいショップ」の回答には、「ファッション」「飲食店・喫茶店」「雑貨屋」が上位を占めていた。ロックタウンは、高校生が望む、手頃な価格の店が多い。高校生だけでなく、広い駐車場を備えているので、家族連れにとっても行きやすい場所となっている。

人が集まる場所として存在する「中町商店街」と「ロックタウン」。しかしこの二つをめぐる環境は全く異なる。三度の酒田訪問のなかで、この二ヶ所の「人が集まった時」の状況を私は考えてみたい。

中町商店街の方からみていきたい。九月一九日、清水屋店内でおこなったゼミのフリーマーケットである。これまで清水屋には何度も足を踏み入れていたが、それは客の一人としてであった。すれ違う人たちに特別の意識をとめたことはなかった。しかし今回、清水屋で店を出す側の立場で清水屋を中心に中町商店街をみた。販売係、呼び込み係、チラシ係とお客さんを呼ぶ側として歩き回った。そこで見えたのはかなり幅広い客層が店内にいたこと。1Fの食品館では主婦、高齢な方々、5Fになると、ゲームコーナーや雑貨屋また一〇〇円ショップがあるために、中高生や親子連れの姿も多くみられた。

今回は酒田市のスポーツ新人大会も重なり、本来の目的であった中高生たちには会えなかったものの、「おしゃれ」や「カワイイ」をウリにしたことで、幅広い女性層が立ち寄ってくれた。つまり、清水屋のなかにもキーワードによって、関心を示してくれることが分かる。高校生たちの意見のなかで、「清水屋の商品は高い」「子どもと大人の中間層の服があまりない」というのも多くあった。「もし、隣のパチンコ店が、ファッションやファーストフードなどの複合的なショップになったら中町に来るか」という問いの反応は大きかった。高校生たちにとっても中町は、特別な位置づけにあることが分かる(8)。

その確信は、一〇月一七日と一八日に開催された「どんしゃんまつり」にあった(9)。ふだんであれば、土日でもあまり若者をみかけない中町商店街で、小学生から高校生など、多くの若者が集まっていた。中町がどのように大きな存在であるかが分かる。ただ、自分の欲求を満たすものがないという理由だけで、遠ざかってしまうのである。そこで登場するのがロックタウンである。

ロックタウンという名前は、高校生調査で多く出ていたが、実際のエリアをみるまでイメージできなかった。しかし実際に訪れて、最初に抱いたのは、巨大で楽しめる施設のようであった。一つ一つの店舗が大きい分、みて回る楽しみや欲しいものを多くの商品から探すことが可能。買う目的よりもウィンドウショッピングとしても楽しめる。駅からのアクセスも比較的よく、ぶらりと立ち寄ることもできる。とくに酒田西高等学校のエリアでもあるし、学校帰りにも都合がよい。おしゃれで便利なスポットや新しいもの、都会のスタイルにあこがれる地方の高校生たちから切り離せない。東京などのメディア環境充実下で生活している若者なら各人の嗜好に合わせたスポットが存在するから何の問題もない。地方で限られた情報や行動範囲しかもたない若者には、このロックタウンの価値は理解できる。

「それならば、若者たちには、ロックタウンだけあればよいのか」という回答には、ノーである。商品購入やグループ内で遊ぶためロックタウンに向かうが、特別のイベントなどの非日常性を求める時には中町を選択する。つまり両者にある需要は、状況に応じて使い分けるとい

---

(8) パチンコ店の存在は高校生を中心に多方面にわたって意見が出されている。

(9) 中町モールを中心に露店が並び、大勢の市民が集まる。この状況は年四回のこと。

うこと。高校生提言リレーシンポジウムのなかで、「グリーン・ハウス」の話題が高校生からあがったように、中町に来る理由を若者は求めている。中町に小さい規模であれ、彼らの心を操る何かができれば「中町商店街に平日から歩く若者の姿」をみることができると思った。(10)

三度という数多くの機会をもとに、私が感じたのは、あらたな文化を得た若者が中町をみなおすことによって、古きよきものはそのままあらたな需要に応えられる。まさしくメディア文化の街になっていくのではないかという希望である。自分たちの街に誇りをもつ高校生たちの姿には期待をせずにはいられない。

3 シンポジウムの時間、高校生とのヒアリングの時間

井原友利恵（ユニット1）

シンポジウムを終えて。今回のシンポジウムでは、本当に多くの事を学ぶことが出きました。シンポジウムを開催するにあたり、たくさんの人たちが関わっていました。多くの方々が私たちにご指導してくださるのだと思いました。シンポジウムをおこなう場所の提供、音響などの会場設営、調査に協力してくださった先生方と高校生のみなさん。最初から最後までそうした方々のサポートがあっての実現となりました。社会はシステムである。社会学の理論どおりに機能していることも実感しました。

シンポジウムは、酒田の中心市街地である中町商店街のシンボルでもある「マリーン5清水屋」百貨店のイベントホールでした。清水屋さん側では、予備調査から本調査までの五ヶ月間の活動をみてくださり、最高の環境を提供してくださったのです。フィールドワークの趣旨と

(10) 中町には、ロックタウンに望む若者の声を一部反映させること。

会場もマッチングしました。最初に会場を見た時は驚きでした。さらに緊張が増しました。

つぎに、高校生とのヒアリングです。酒田東高等学校と酒田商業高等学校をそれぞれ訪れました。普段はなかなかふれあうことのなかった高校生と、話す機会を得ました。高校生から酒田の街のこと、どのように感じ、考えて過ごしているかを知ることが出きました。ヒアリングの途中の休憩時間、高校生たちと普通にお喋りをする感じで話ができたのが印象的でした。ざっくばらんな雰囲気は、高校生が話しやすい最良の空間になりました。協力してくださった高校生のみなさん、そして先生方にあらためて感謝しています。

ふたたびシンポジウムです。酒田に入り、シンポ当日まで、緊張と不安が増していきました。しかしいま振り返ると、とても良い経験が出きたと思っています。滞在中は、ホテルに戻ってから、シンポジウムで使う資料に目を通して、何度も修正を繰り返しました。また、討論者からの質問を想定して、自分なりの考えをまとめる時間になりました。それが少しずつ不安を解消していったように思います(11)。

シンポジウム当日については、反省点だらけです。自分の担当する部分については、前日まで何度も練習をしてきたこともありこなすことが出きたと思いました。しかし、フロアからの質疑応答に移ってからは反省しか残っていません。たとえば、フロアから「なぜ、〝おしゃれ〟と〝カワイイ〟について研究されているのですか。」という質問がありました。私はその質問に、答えることができなかったのです。言葉に詰まり、無言のまま司会者へと返してしまいました。その後も、何人かの方が質問してくださいましたが、私が答えたことで、満足していただけたかは分かりません。フロアから思ってもいなかった質問がきて、とても混乱してしまいました。この点が、大きな課題となってしまいました。

---

(11) 中町シンポジウムでは、予備調査の報告と高校生調査結果の二報告担当。

フィールドワーク中も反省すべきところだらけでしたが、あらたに得ることもたくさんありました。予備調査やシンポジウムを通して勉強になることが多々ありました。普段の生活では、目上の方と接する機会はありません。しかし、フィールドワーク中にはたくさんの目上の方とお話ができました。慣れていないせいもあり、緊張しながらでしたが、とても有意義な時間であったと思いました。名刺の交換から、一緒のお食事の時間など、社会人になったら、当たり前のことも、私は出きていないということに気づきました。そういった意味で、今回のフィールドワークは、研究だけでなく、得るものがありました。

最後は、ゼミのメンバーどうしの深まりです。今回のフィールドワークとシンポジウムを通してそう感じました。シンポジウムという大きな目標に向かってみんなで頑張ることで、ひとつになれたのではないでしょうか。出発前と、帰ってきてからの意識と雰囲気は、大きく変わりました。ゼミで研究テーマを決め、仮設を立てて、予備調査で状況を把握し、さらに仮説を修正し、本調査で検証し、シンポジウムで報告する。一連のプロセスは、社会学的な方法論によってなされているものです。ゼミをとおして社会学そのものを知ることにもなりました。

4　酒田の〝おしゃれ〟と〝カワイイ〟を伝えたい

国友由佳（ユニット1）

私たちのゼミでは、四回に分けての予備調査、そして本調査と合計四回酒田市に入り、「〝おしゃれ〟と〝カワイイ〟スポットを探そう」をテーマに研究をおこなってきました。その結果を、シンポジウムという形で酒田市のみなさまに報告できたと思います。(12)

(12) 先発隊としてユニット1の予備調査から参加。

私が酒田市を訪れたのは、予備調査とあわせて二回でした。最初に訪れた時と今回、ずいぶん酒田の印象が変わりました。先発隊として、トータルコーディネイトの観点から私は、酒田をみてきました。大学に戻ってからそのことをゼミのみんなに報告しました。その後、予備調査に行ったグループの報告を聞き、より酒田についての知識や理解を深めることができました。もちろん、数回訪れただけの私たちにとっては、理解できたのは酒田市のほんの一部だけだと思います。しかし調査にあたって、やはり一度訪れただけであれこれ意見するのは困難であって、三回にわたる事前調査の大切さが分かりました。ゼミの時間にも酒田について報告しあうことにより、ぱっと見だけでは分からない、酒田市のいいところがたくさんみえてきました。

本調査で印象に残ったことは、実際に高校生に聴き取り調査をしたことです。私たちは事前に、酒田市の高校生にアンケートの回答をお願いしていたのですが、やはり実際に生の声を聴くことにより、アンケートでは伝わらない部分をたくさん知ることができました。大学生になり、高校生と交流する機会はめったにありませんでした。今の高校生の考えなどが聞けて、非常にいい経験となりました。

また、清水屋で、もう着ない服や雑貨を集め、フリーマーケットもやりました。結果はみんなが予想した通り、良いものではなかったけれど、私は売り上げよりもやったことに意味があったと思います。みんなでどのように売るのか、袋はどうするのか、誰をターゲットにするのかを考え、準備し、いろんな人と触れ合い、そうした経験ができたことが大きな成果だと思います。何より、買っていただけなくても、自分たちが持ち寄ったものを手にとっていただき、興味を持っていただけたことがすごく嬉しかったです。

そして、今回の一番のメインとなったシンポジウムですが、質問されたことにうまく答えられなかったり、時間配分がうまくいかなかったりと、やはり反省する点がすごく多かったと思います。しかしみんなで事前に準備して、前日の夜もホテルの部屋に集まり、話し合ったり作戦を練ったりして完成させたシンポジウムだったので、みに来てくださった方々も、その努力を評価してくださったのだと思います。シンポジウムを終えたときにたくさんの方々が私たちの方へ寄ってきて、感想をいってくださったり、励ましてくださったりしたことが本当に嬉しかったです。だからこそ、もっとよいシンポジウムにしたかったという思いもありましたが、ゼミ長である千野さんが私たちの思いを引き継いでもう一度酒田に行き、新聞記事を見る限りでは、本調査の時よりももっとよいシンポジウムになったのだと思います。私も今回のシンポジウムでの反省をいかし、今後に繋げていければよいと思いました。

何より今回の調査で感じることができたのは、酒田市の皆さまの優しさです。シンポジウムに関してご指導してくださった方々や、最後の打ち上げの際にいろいろな話を聞かせてくださった方々、また、直接シンポジウムに関わらなくても、街で声をかけてくださった方々や、フリーマーケットに来てくださった皆さま、本当にたくさんの人に支えられて、この調査ができたのだと思います。これらの人々の温かさや感謝の気持ちを、今回だけではなく、どんな時でも忘れてはいけないと思いました。人は、一人では何もできません。ゼミ生どうしも協力できたからこそできたシンポジウムです。人と人との繋がりの大切さをあらためて知ることができました。

今回の調査ではさまざまな経験をすることができ、さまざまなことを学んだと思います。酒田のことを知らなかった私たちだからこそ知ることのできた、酒田の人びとの気づかなかった地元の良さ、素晴らしさ。〝おしゃれ〟と〝カワイイ〟スポットを、少しでも市民の皆さまに伝えることができたならよかったと思います。また、〝おしゃれ〟と〝カワイイ〟に注目するという考えの面白さを知ることができ、〝おしゃれ〟と〝カワイイ〟スポットをみつけた時はワクワクしました。これからもいろんな場面で、〝おしゃれ〟や〝カワイイ〟をみつけながら過ごすと、またあらたな発見があり面白いのではないかと思います。酒田市での調査は、いろんな意味で、私の人生で大きな経験となりました。

5 ファッションと酒田の街―中町に「寄り道スポット」を―

下平小百合（ユニット2）

フィールドワークを終えて。五月の予備調査からはじまり、九月のシンポジウムまで、長いような短いようなフィールドワークが終わりました。そこから感じたこと、考えさせられたこと、学んだことなど多彩でした[13]。

ファッション面を担当した私にとっては、高校生との意見交換はかなりのキーポイントになりました。予備調査と、実際の高校生のヒアリングから分析すると、興味深い結果もあらわれました。それは実際に酒田の女子高生が着ている服と読んでいる雑誌の系統が違うことです。事前調査の数字を見る限りは『Ｐｏｐｔｅｅｎ』が一位でした。だからといって若いギャルをめざしているとは思えません。酒田ではこの系統をあつかっているお店も少ないですし、むしろ雑誌を選択する理由にあるような「モデルがカワイイから」という意見からも、女性誌を実用性より、視覚的娯楽性を重視して読んでいるのではないかと考えました[14]。極端にいえば、ジャニーズ雑誌を見ているのと同じ感覚です。どうしても若い女性たちのファッション関係のお店

(13) 「ファッションスポット」担当としてユニット２の予備調査から参加。

(14) 地方都市の若者文化を考える上で重要な部分として浮上した課題。

が少なく、実用性を求めても仕方がないのかもしれません。「憧れ」として雑誌を読むのかなと思いました。

フリーマーケットの失敗。「東京」のブランド力が試される行事だと思い、非常に興味深いものでした。予備調査の段階で酒田の女子高生は、ファッションのお店を地域に求めているし、購読雑誌の傾向から「東京」のモノにはかなり反響があるのではないかと予想していました。しかし、結果は予想をはるかに下回りました。イベント内容は中高校生のニーズに応えたものなのになぜなのか考えてみました。

前日の高校生とのヒアリングにあったように、中町はいわゆる「寄り道スポット」の強みとなるものが少なく、生活の行動範囲外になっていることです。(15) また、イベントの開催時間と、地区中高生の新人大会が重なり、少なからず影響していたと考えられます。高校生のライフ・スタイルと不一致の環境下では、どのようなパフォーマンスも結果に繋がらないのです。

もし、もう一度中町でフリーマーケットを開催するならば、寄り道スポットを増やし中町を高校生の行動範囲内にする必要があると思います。

メイン行事だったともいえるシンポジウム。今まで大勢の人の前で発表するなどといった経験がなく、とても緊張しました。思っていること、感じたことを言葉にして伝えることの難しさを感じました。普段から心がけている「話すときは相手の目をみて話す」「下はみないで前をみる」といったコミュニケーションの基本的なことしかできませんでした。課題を残しました。

それでもこのような体験ができ、とても自分は恵まれているなと思いました。

全体を通して強く感じたことは、「何かをするには誰かの協力が必要である」ということ。

(15) 高校生活に関する文化的教養に関した気分転換も可能なスポット。

それには「人脈」が必要であり、「人脈」には「礼儀」がとても大切であるということ。そして一時的な協力関係ではなく長期にわたるパートナーを築くには「欠かさない礼儀」が大切だと感じました。それは予備調査の時、ひたすら丁寧すぎるようにも感じる関係者への挨拶まわりをして、「当たり前のことかもしれないけど、ゼミ長がもう挨拶しているのだから何も毎回ここまでしなくても」と思っていました。(ごめんなさい)

でもフィールドワークを終えたいま、どんなときも礼儀を欠かさずに謙虚な態度でいることこそが強い人脈作りの礎となり、最終的に自分ができることの幅を広げられるのだと思いました。それが人生においてどれだけ大切なことであるのか身を持って体験し納得しました。

今回のフィールドワークは、人としてとても大きなことを学んだような気がしています。もちろん、シンポジウムのテーマは、私の研究に近いものなので活かせることがたくさんありました。

本当にどうもありがとうございました。

6 〝カワイイ〟と〝おしゃれ〟なものを探す旅

今井理紗(シンポ担当)

酒田には、カワイイ・おしゃれスポットがたくさんある街です。しかし、東京とは違って若者が集まるスポットが近くにないことや、雑誌と同じようなファッションをしようと思っても、お店が少なく、難しい環境であるのは確かです。それでも街の人びとや高校生を見る限りでは、全く流行を取り入れていないようには思えませんでした。ただ、中町商店街や百貨店は、お年寄り向けの商品が多くて、高校生などの若者が買い物をするような場所は少なかったので、若者のおしゃれに制限がかかっているように感じました。

　東京の女子高生などは、学校帰りなどに友達と買い物に出かけたりすることができますが、酒田の高校生は、近くに若者向けのお店がないために、休日に親と出かけた時にしか買い物をする機会がないという答えが多かったようです。東京に比べ自由な空間が少なく、おしゃれをしたいと思ってもかないません。

　また、高校生がよく利用するファーストフード店やカフェが近くにないものの、女子高生たちは、「モアレ」という手作りのアイスクリーム屋さんに行くことが多いようでした。しかし、「モアレ」は、マスターが昔から経営しているような小さなお店なので大人数が集まれるような場所ではありません。東京の女子高生がよく行くような学校帰りのたまり場もなく、派手なことはあまりできないと思いました。酒田の女子高生は、化粧をしている子がほとんどいなく、部活動に所属している生徒がとても多かった。そして勉強をよくしているようです。

　一方、東京の女子高生はどちらかというと、雑誌のような格好を真似たい、といったような子が多く、化粧にも制服にもこだわりを持っているし、部活動に熱中しているよりも、放課後を楽しんでいる生徒の方が多いように感じます。私自身が実際、酒田の街で生活をすることになったらきっと今とは全く違った生活を送っていたでしょう。不便に感じることもありますが、街に出た時の喜びはとても大きくなると思うし、恵まれているものだということに気づくことでしょう。次回、酒田を訪れる機会があったら高校生の私服姿などをみてみたいと思いました。高校生が調査の時に、「Ｈｏｎｅｙｓ」という洋服屋さんで買い物をすると、いっていました。(16) このお店は、「１０９②」のなかにもあり、とても安くてカジュアルな洋服がたくさんそろっています。

(16) 本格的に「Ｓ・ＭＡＬＬ」との比較検討の必要性。

だが、東京の女子高生が好きそうな「LIZLISA」や、「LDS」などのギャルっぽい派手なファッションをする女子高生は少ないと思われます。また、読むファッション雑誌もカジュアル系の雑誌を読んでいるか、あまり雑誌を読まずにお店に行ってかわいい洋服を購入するという声もあったので、東京との比較もおもしろいと思いました。

酒田の街は、ファミリーレストランのような飲食店がなく、少し高級なお店が並んでいました(17)。気軽に入るようなお店は少なく、地方から来た人には少し入りにくいような感じがしました。若者向けというよりは年配向けのお店のようです。学生が気軽に入れるようなお店はほとんどなく、街のイメージとしてはとても静まり返っているような雰囲気でした。

でも、酒田の人びとはとても気さくで温かい雰囲気に包まれた街でした。高校生を商店街では全くみかけず、デパートのなかで数人いましたが、買い物というよりは時間をつぶしながら友だちとふらふら歩いているというような感じでした。

やはり放課後に高校生で賑わうスポットが少ないために、お年寄りの街という印象がとても強かったです。逆に、地域の人びとのつながりはとてもあるなと思いました。街のなかで、すれ違う際に話しかけてくるといったことは東京などの都会ではまずありません。見ず知らずの人間に気さくに会話をして下さる酒田の人たち、とても親切で親しみやすく、とても心が温まるような場所であると思いました。

地域によって雰囲気や生活スタイルはことなります。やはり東京と酒田の街を比較すると、賑やかな街と静かな街といったような感じがしました。酒田にもたくさんいいところにありますが、高校生たちのほとんどは酒田を出たいという意見でした。酒田はとても温かい街ではあるが、青春真最中の高校生たちは、東京などの都会に出て生活をしてみたいと思っているよう

---

(17) レストランの充実度は高い街であり中心市街地中町の特質。

です。私自身も北海道で中学校、高校時代を過ごしたために、東京の女子高生にとても憧れていました。酒田の女子高生たちも「カワイイ」ファッションに興味があり、真似てみたいと思っている人も多かったです。

「カワイイとおしゃれ」をテーマに酒田の街を見て、流行り物が少なくてもお洒落といえる物や場所があるということに気づき、何でもただ流行を取り入れているからといっておしゃれとは限りません。日常、女の子たちは「カワイイ・おしゃれ」という物を求めがちなので、自分自身の身の回りの「カワイイ・おしゃれ」なものなども、もっと探してみたいと、酒田での調査を通じて、考えるようになりました。

7　酒田の高校生の本音

立川真衣（フリマ担当）

予備調査に行くことが出来なかった私は、今回の本調査がはじめての酒田になった。酒田を訪れて、最初に目に入ったのは山居倉庫だった。山居倉庫と、その前を流れる新井田川の景色がとても印象的だった。山居倉庫をはじめとして、酒田は街全体がどこか懐かしく、のんびりとした落ち着く雰囲気を持っているように感じた。

酒田では、中町商店街を中心に徒歩で移動した。そのときに感じたことは、「中高生がいない」ということだ。高齢者は多くみかけたが、中高生は全くといっていいほどみかけなかった。中高生だけでなく、小学生や、私たちと同じ世代の人もみかけなかった。中町商店街の近くには、調査に伺った酒田商業高校や酒田東高校がある。この二校への聴き取り調査の結果、中高生は中町商店街の方が近いにもかかわらず、ロックタウンやジャスコへ行くことが分かった。この結果を受けて商店街を注意して歩いてみると、確かに中高生が好みそうな場所は見当たらなかった。

また、街が暗くなるのが早く感じた。街灯が少ないということもあるが、店が閉まる時間が東京に比べてかなり早い。中町商店街にあるデパートの清水屋でも一九時に店が閉まるということに驚いた。

中高生向けの買い物。中町商店街にあるデパートの清水屋には、衣類を中心とした多くの店舗が入っている。清水屋の中をみて回ったところ、親以上の世代向け、小学生未満の子ども向けの店が中心で、中高生向けの店がないように感じた。全くないわけではないが、数店しか見当たらなかった。

フィールドワーク滞在中、清水屋の５Ｆフロアの一部をお借りしてフリーマーケットを開催したが、やはり客層は高齢者が中心だった。若い世代は、小学生、部活帰りでジャージ姿の中学生、制服姿の高校生が何組か来てくれただけだった。フリーマーケットの最中、フロアに来た中高生には積極的に声をかけて、商品をみに来てもらうようにしていた。しかし、中高生のほとんどがゲームコーナーにいた。中高生が清水屋に訪れるのはプリクラ目的であることがわかった。この時にもっとも印象に残ったことは、部活帰りの中学生たちだ。彼女たちがフロアに来たときに声をかけたのだが、これから化粧をしてプリクラを撮ると言っていた。それから何時間か経って、また彼女たちをみかけたため声をかけてみた。すると、私が最初に声をかけてからずっとプリクラを撮っていたといっていた。彼女たちが何時間もプリクラを撮っていたということに驚き、とても強く印象に残った出来事だった。

フリーマーケットでは、買ってくれた商品を入れる袋として、私たちが持ち寄ったショップ袋を用意した。初めは買ってくれた人に好きなショップ袋を選んでもらい、それに商品を入れて渡していた。選ぶ際のショップ袋に対する反応が予想以上に良く、その後はショップ袋で好きなものがあればいくつでも持って行ってもらうようにした。ショップ袋を選ぶときには、実用性とデザインを気にして選んでいた。

中高生からみた酒田。フリーマーケットには中高生と話ができるブースも用意した。そこで、高校生と酒田や東京についての話をした。私が話をしたのは二人の高校生だった。この二人は、調査を行った高校の二年生だった。話を聞くと、事前におこなっていた高校生調査の対象者で、それに回答していたことが分かった。そのため、調査内容にあった「卒業しても酒田に住みたいか」について質問した。すると、二人とも酒田を出たいという答えだった。一人は、「東京のような都会には住みたくないけど、酒田よりももう少しだけ都会がいい」という答えだった。もう一人は「とにかく東京に行きたい」と答えてくれた。

また、東京に行ったらどこに行きたいか聞いたところ、どこということではなく、「とにかく東京がいい」「とりあえず東京に行きたい」という答えだった。この二人は部活帰りで、この後ロックタウンで打ち上げがあり、それまで時間があったため清水屋に来たといっていた。ここでも、中高生にはロックタウンが人気であることを実感した。フリーマーケットを通して、直接中高生と話すことができて、とても貴重な経験をすることができた。

酒田の中高生と話して、酒田の中高生はおしゃれに興味がないわけではないことが分かった。満足に買い物できる場所や、遊べる場所がないために、不満を感じているだけなのではないかと感じた。私も、地元にはおしゃれな場所や遊べる場所がなく、遊ぶために隣町まで行かなければならないという環境で過ごしていた。そのため、酒田の中高生がいっていたことにとても共感できた。中高生は、ただ友達と一緒に過ごせる場所、友達との時間を共有できる場所を求めているのではないかと感じた(18)。

また、酒田には他にはないメディアがロケ地として注目するほどの景観や、喫茶店などの情緒ある空間、素晴らしい食文化があり、酒田ならではのものがたくさんあった。こんなに自慢できる場所が多い街は少ないのではないだろうか。

8 女子高生の制服姿の理由

上原しの（フリマ担当）

酒田を訪れた第一印象。今回、酒田を訪れて感じたことは、風景が美しく、時間の流れが感じられる街ということである。首都圏に住んでいると、夜遅くまで営業している店が多く、たとえ夜であっても、外は人でにぎわっていて暗いと感じることがあまりない。大げさにいうならば、昼と夜の違いがあまり感じられない。一方、酒田の夜は、夜遅くまで営業している店も少ないためか、人通りがあまりない。しかし、周囲の明かりが少ないため、首都圏よりも、星がより一層明るくきれいに感じられた。東京はビルなどの人工的な明かりが、イルミネーションとなり夜景として人気を集めている。しかし、星が放つ本来の自然な明かりは、素朴ながらもどこか温かみを感じる。東京のように、派手でキラキラした夜景も素敵だが、素朴で温かみを感じることのできる酒田の夜景も、同じくらいの価値をもっているのではないかと思う。とくに、夜の山居倉庫と最上川は、周囲にあまり明かりがないものの、とても幻想的に感じた。

(18) 注15の意味をさすスポットの設置。

このように、本来の夜の静けさを感じられるという意味で、時間の流れを感じられる街であると思った。

女子高生の服装。フリーマーケットに出店した時に、女子高生と話す機会があった。その時に、制服の話になった。彼女たちは、休みの日でも制服を着て遊びに出かけているそうだ。私が通っていた高校では、学校帰りに体育祭の打ち上げをする時でも、いったん家に戻って、制服から私服に着替えて打ち上げに参加する人がほとんどであった。そのため、この話を聞いた時は驚いた。そして、なぜ休みの日まで制服を着るのか考えてみた。そして思い浮かんだのは、若い人向けのファッションの店が少ないということである(19)。

清水屋を訪れた時に、私たちよりも年齢層の高いファッションの店が多いのに対し、若い人向けの店があまりないと感じた。首都圏のように、若い人向けのファッションの店が多い環境にいると、自分の持っている洋服も必然的に多くなり、その洋服を誰かにみてもらいたいと感じることが多いのではないだろうか。

しかし、酒田市のように、若い人向けのファッションの店が少ない環境にいると、私服でおしゃれを楽しむというよりも、制服でかわいくアレンジして、おしゃれを楽しむほうが身近なのだろうと感じた。また、話を聞いた女子高生たちは、近くの高校の生徒であった。進学校ということもあり、彼女たちは、勉強などの課題が多くてあまり遊ぶ時間がないと言っていた。余暇時間の少なさも、身近な制服でおしゃれを楽しむことにつながっているのではないかと思った。また、東京にあるファッションの店のショップ袋に対する反応はとても良く、女子高生のおしゃれへの関心の高さが感じられた。

都会への憧れ。フリーマーケットに来てくれた女子高生が、東京に興味があるといっていた。

---

(19) 実用的に着こなすだけの店舗がそろわない。

さらに、高校を卒業したら、「東京に行きたい。」とも言っていた。なぜ東京に行きたいのか聞いてみると、「とりあえず東京に行きたい。」と。とくに明確な理由はないそうである。東京には何でもあるということが、彼女をそのような気持ちにさせているのではないだろうかと感じた。

そして、酒田の高校生が遊びに行くロックタウンにも、東京と同じように何でもあるという要素があるため、とりあえず空間としてロックタウンに行くのだと思った。(20)

しかし、酒田商業高校を訪れた時に、高校を卒業したら酒田を出たいと思っている生徒は多かったが、東京ではなく、同じ東北地方である仙台あたりが良いといっていた。これは、都会への憧れはあるものの、文化や地域性が似ているところのほうが安心できるという気持ちがあるからではないだろうかと思った。

〝おしゃれ〟と〝カワイイ〟スポット。フィールドワークを通して、酒田にはおしゃれでカワイイスポットがたくさんあると感じた。たとえば、市役所前の獅子頭や山居倉庫である。しかし、酒田に住む人たちにとっては、あまりにも身近すぎて、特別に意識してみているような機会も少なく、おしゃれやカワイイという目線で感じることがあまりないということがわかった。酒田商業高校での合同ゼミで、酒田の街でカワイイとイメージされるものに「獅子頭」があがっていたものの、「獅子頭」という名前だと知らず、「獅子舞」だと思っていた生徒が多かった。「獅子頭」のように、その存在は知っていても、詳しくは知らないというのも、身近すぎるからこのようなことが起こってしまうのではないかと思う。せっかく獅子頭には、それぞれ名前がついているので、もう少し獅子頭それぞれのアピールをしたり、ストーリーをつけたりすると関心が集まるのではないだろうかと思った。自分が住んでいるからこそ、気づくことも

---

(20) 「とりあえず空間」、仲川秀樹、二〇〇六年、『もう一つの地域社会論』にて提示。

あるし、気づかないようなこともある。おしゃれとカワイイスポットは、新しく作らなくても、探してみるとたくさんみつかると感じた。

9 酒田での多くの体験

相田晴美（ユニット4）

初夏、はじめて酒田市を訪れ、多くの体験をした。旅行として訪れていたら決して得られなかったものを得たと思う。予備調査を含め二回訪れたが、一回目の経験は、二回目に良い影響があり、一つひとつの出来事がとても意味のあるものになった。

酒田市に足を踏み入れて気づいたことの一つ目は、酒田の街全体が映画の舞台となるような素質を持っている地域であると思わされたことだ。映画『おくりびと』の舞台になった街だからそう思ったのではない。喫茶店やバー、映画館など立ち寄った全ての場所が味のある独特の雰囲気を感じさせる場所であったためである。東京からあまり出たことのなかった私にとってみるものほとんどが感動するもので幸せだった。

確かに、街がにぎやかだとか栄えているなどといえないかもしれない。しかし栄えていれば良いというわけではない。「鈴政」で、お寿司をいただいた時、サービスでさくらんぼを出してくださった。「さざんか」でランチを食べた時、野菜のピクルスをサービスしてくださった。また、「ケルン」を訪れた際、甘くて美味しい白玉を出してくださった。私はその一つひとつの思いやりをずっと忘れないと思う。「浪漫亭」での肉ジャガや野菜スープの温かい味は、いまでもはっき覚えている。近い距離で会話があり親身な雰囲気の喫茶店は、酒田に限ったことではないといってしまえばそうかもしれない。しかし、まったく同じ場所などない。酒田の良さは世界にたった一つのものである。

訪問先の代表の方が、「酒田の人たちが親切だと言うが、滞在期間が短いからゲストを良くもてなすのだ」とおっしゃっていた(21)。実際どうかはわからないが、滞在するなかで本当に心から私たちを歓迎してくれているように感じた。決して上辺だけのもてなしではないと思っている。

二回目の訪問で、酒田商業高校を訪れた際、生徒への質問のなかで「なるほど」と思うことがあった。雑誌を読んでいる生徒が少ないことにはじめは疑問を持ったが、その理由が、「ほしいと思ったものがあってもすぐに買えないから」というものであって納得した。「どっちみち買えないのであれば最初から読もうと思わない」。雑誌を読む理由としては、「好きなモデルがいるから」ということにはじめて気がついた。

放課後、ファミリーレストランのような場所に行きたいという生徒の気持ちもわかる。喫茶店でオーナーが近くにいて会話をすることができるのは魅力的なことだ。しかし年頃の女の子たちにとって、人にはあまり聞かれたくない話や自分たちだけの空間がほしい場合がある。「くつろげて、好きな話ができて、長時間いる」となると、やはりファミリーレストランやファーストフードのお店が好都合なのかもしれない(22)。

しかし、若者向けファッションのお店・カフェ・映画など一通りそろった一つの建物ができたとしたら、魅力的な個人のお店の経営が厳しくなってしまうかもしれない。私は実際に身近でそういった例を見てきた。小さな商店街は、近隣に大きなショッピングセンターができると急激にお客さんの人数が減ってしまう。

---

(21) ツーリストと外部から流入した人への地域の異なる対応。

(22) 批判抜きに「マクドナルド的空間」は、中町に不可欠の状態。

「行きやすい場所」「一度で何でもそろう場所」「気楽な場所」そういった場所に人びとが行くことは現実である。中高生の立場から考えると大きなショッピングスポットをつくった方が良いと思う。しかし、酒田という街にいる時、現在の雰囲気を失ってほしくないと思った。

酒田を訪れて素敵な経験の一つになったのがフリーマーケットだ。私は二時間ほどしか入らなかったがその二時間はとても貴重な時間になった。会場となった清水屋さんが店内の真ん中に私たちのためにスペースをつくってくださったことが嬉しかった。小物や靴を手に取ってみて、「これいいじゃん、買おうよ！」と友達と楽しそうに話していた中学生の子たち、学校のようなかしこまった場ではなく気楽にコミュニケーションがとれる場で酒田の若者と直接話すことができた時間は楽しかった。お客さんが多くはなくても、来てくれたお客さん一人ひとりの存在がすごく大きく、それを支えてくれた方々の気持ちも嬉しかったため、フリーマーケットを企画してくれたゼミに感謝したい。

酒田にいま必要なのは、小・中・高生の居場所だと思う。大人が楽しめる場所はあると思う。ただ単に子どもだけが遊ぶのではなく、お年寄りの方たちと交流を持てる空間はどうだろうか。例えば広場をつくり、座れる椅子をたくさん置いて、その敷地内にクレープ屋さんや小さなカフェをつくったら面白いと思う。簡単にいえることではないが、できることはあると思う。活性化のためではなく、その地に暮らす人たちのために。

梨を使った酒田限定のデザートを作って手頃な価格で販売するなど、酒田にしかできないことを酒田の人の手によって開発するのはどうだろうか。私は「オリジナル」がキーポイントだと思った。

10　リアルに酒田をみて

飯田千晶（フリマ担当）

自然豊かな港町であり、いまや数多くの映画などのロケーションとして有名な街、酒田。

私たちは、「酒田の街でおしゃれとカワイイスポットを探す」ことをテーマにフィールドワークを行った。商店街の方や、地元高校生との交流をとおして酒田の現状と学生たちのおしゃれに対する意識をリアルに感じることができた。

アンケート調査をもとにした高校生との意見交換では、学生たちが酒田をどう思っているのか、将来は酒田で就職したいのか、どのようなファッションを好むのかなどあらゆることを話し合うことができた。酒田には書店が少ないにもかかわらず、あらゆるジャンルの雑誌を読んでいるという結果には驚いた。しかし、そこは女子高生ということもあり、『Ｐｏｐｔｅｅｎ』を支持する声が多かった。やはりファッションに関する意識には首都圏との差はあまりないのかもしれない。また個性派雑誌である『ＫＥＲＡ』がランクインしていた。有名人気雑誌を抑えてなぜこの雑誌が支持されているのか？　とても気になるところである[23]。

「中町商店街にどのようなお店があったらいいか」という質問には、みんな口をそろえて「ファッションの店」「１０９のような店」と答えていた。ファッションに対して首都圏並みの関心にあるものの、大好きなブランドや流行の服に触れられないというジレンマがあり、普段の買い物で利用するお店だけでは満足できない様子が伺えた。そのため、仙台まで出かけて買い物をするという意見もあった。仙台は「小さな渋谷」といったイメージのようだ。仙台では、

(23) ゴスロリ系といってもフリルなどのカワイさをアレンジしたスタイルを好む。

ギャル系・ロック系・コンサバ系など様々なジャンルの洋服が手に入るという。

男子生徒の意見では、『E・L・O』という雑誌の名前があがっていたため、ストリート系ファッションを好む傾向にあるようだ。また、学生たちが考える「酒田のカワイイとは」の質問に対して、「白鳥」という声があった。宿泊したホテルの近くの山居倉庫にある「夢の倶楽」に酒田名物白鳥というようなキャッチフレーズで白鳥のお菓子を販売していた。「白鳥と酒田」その時は結びつかなかった。しかし、酒田が全国一の白鳥の飛来地で白鳥が有名だということがわかった。

清水屋で行ったフリーマーケットでは、高校生だけでなく、様々な年齢層の方のお話を聞くことができた。東京の大学生というだけでとても注目して、興味を持って話しかけてくれる主婦層・年配層のお客様が目立った気がする。清水屋を利用するのがミセス層中心という印象を受けた。

高校訪問をきっかけに来店してくれた女子高生たちは、ショッパーに驚くほどの興味を持ってくれていた。商品よりも、ショッパー選びに夢中になる子たちが多かった。ネットオークションでショッパーが出品されるくらいなのだから無料でもらえるなんて彼女たちには魅力的だったのだろうか。普段何気なく取っておいてあったショッパーだが、意外な所でその価値を思い知らされた気がした。

来店してくれた高校生のファッションをみていると、ほとんどが制服かジャージ姿であった。休日にもかかわらず遊びに行くときは制服という意見が多かった。制服には、流行り廃りもなく、洋服を選ぶ手間もかからない。ましてや中高生のため金銭面の問題もあいまって制服で出かける習慣が定着したのではないだろうか。

また、「プリクラを撮るためにこれから化粧してきます。」という子たちもいた。学校帰りにお化粧をしてプリクラなんて、渋谷の女子高生たちとなんら変わりないではないか。酒田の女子高生たちは、中町商店街でカワイイスポットを自然と登録し、首都圏の女子高生となんら変わらぬサイクルで生活しているのだ。首都圏のようなメジャーなスポットはなくとも、その土地にあった学生スタイルというのが形成されていくのかなと思った。

このフィールドワークの集大成としておこなわれたシンポジウムでは、研究の報告をしただけではなく、地元の方から提示された酒田の抱える問題についての話し合いなどがおこなわれた。チラシやポスターなどの宣伝効果もあってか、多くの来場者が訪れた。受付を担当したため多くの来場者と触れ合うことができた。東京の大学主催ということもあって、少しかしこまったイメージを持って来場された方もいるようだった。興味はあるけど、なかなか会場に入って来る勇気がない、という様子の方も多く見受けられた。このような反応は、酒田に住む人の人柄が表れているのだろうか。「港町ということもあり、新しく入ってきた者には最高のもてなしをするが、一線を越えると離れていく」、というようなことを地元企業への訪問で代表者から伺ったのを思い出した。それが閉鎖的な部分なのかはまだわからないが、考えさせられた。

酒田にはじめて滞在し、多くの「カワイイ」を発見することができた。「獅子頭」も「刈屋梨」も、それに美味しかった「ジェラート」も全てが新鮮で、ファッションなどとは違った観点のかわいさが酒田にはある。

酒田がいまこんなに注目されるのは、単なるメディア・スポットであることだけでなく、この地域を盛り上げようと努力する人たちがいるからなのではないだろうか。閉鎖的と思われる分、地元への愛着の強い人びとを魅力的に感じた。

〈参考文献〉
・仲川秀樹、二〇〇五年、『メディア文化の街とアイドル―酒田中町商店街「グリーン・ハウス」「SHIP」から中心市街地活性化へ―』学陽書房。
・仲川秀樹、二〇〇六年、『もう一つの地域社会論―酒田大火三〇年、メディア文化の街ふたたび―』学陽書房。
・『PRESIDENT（プレジデント）』二〇〇三年九月一日号

第6章

“おしゃれ”と“カワイイ”を語った一日

第1節 「二〇〇九中町シンポジウム」の記録(1)

1 メディア文化の街「酒田」―なぜ、メディア文化なのか―

司会(ゼミ長 千野れいか) それでは、ただいまより、「第2回中町シンポジウム」を開催させていただきます。本日、九月の大型連休のお忙しい中、マリーン5清水屋イベントホール会場に、足をお運びくださり、まことにありがとうございます。ゼミ生一同、心より感謝申し上げます。

今回のシンポジウムの開催にあたりまして、たくさんの方々からご指導とご教示を賜わりました。あつく御礼申し上げます。本日の発表に関しましては、この五月の予備調査からはじまり、九月の本調査まで、五回にわたりゼミ生たちが調査してきたことをベースに報告さ

(1) 二〇〇九年九月二〇日(日)12時30分~15時30分開催。

せていただきます。調査内容・報告内容については未熟な部分、未完成の部分が多々あると思います。その点は、ご参加されたみなさまのご指摘など頂戴できれば幸いに思います。どうか、フロアのみなさま、耳を傾けていただければ光栄に存じます。

それでは、プログラムに沿って進めていきたいと思います。最初にプレ報告といたしまして、「メディア文化の街〝酒田〟―なぜ、メディア文化なのか―」。原田怜子さん、報告よろしくお願いいたします。

プレ報告（原田怜子）　社会学科三年、原田怜子です。よろしくお願いします。プレ報告のテーマにある「メディア文化の街〝酒田〟―なぜメディア文化なのか―」。二〇〇九年フィールドワークを実施するにあたり、過去二度にわたり、私たちのゼミ先輩たちが残してきた研究成果とも関連します。私たちの研究は、社会学を専門とする立場から、社会学的方法論を用いることが不可欠です。プレ報告に際し、二つの基本的文献(2)から、メディア文化とメディア文化の街〝酒田〟の概念規定、バックグランドを紹介し、本研究の理論的前提にしていきたいと思います。

〈メディア文化の街〝酒田〟の意味〉

まず、本報告にあるメディア文化の意味を、「メディアから発したエンターテインメント性の高い文化を選択した、その消費者にみるスタイル」と規定します。メディア性の高い文化は、メディア社会という条件が備わってこそ登場したスタイルです。メディア社会とは、マス・メディアを中心とした多様な情報形態が日常の生活に浸透し、それらが複合的に重なり合う社会をここでは指します。そして、メディア文化とは、そのようなメディア社会にふさわしい様式を持っているモデルです。娯楽性の要素は、今日のメディア環境の充実してい

---

(2)　仲川秀樹、二〇〇五年、『メディア文化の街とアイドル―酒田中町商店街「グリーン・ハウス」「SHIP」から中心市街地活性化へ―』。二〇〇六年、『もう一つの地域社会論―酒田大火三〇年、メディア文化の街ふたたび―』。

ることにも関連性があります。

ここでは、酒田のメディア文化を娯楽性の高い歴史的伝統文化に源流を置いて考えてみたいと思います。酒田の伝統文化は、メディア的要素の濃いスタイルが特徴的です。北前船の交易で伝播した伝統的京文化が背景にあります。(3) 伝統文化とは、多くの地域に根ざして、長く培われてきた生活様式や行動様式の一つです。貿易の中継点として、華麗な料亭文化から生まれた数々のメディア文化があります。そこには、伝統的メディア文化と現代的メディア文化の融合もみることができます。

〈洋画専門館「グリーン・ハウス」の存在と一九七六年の酒田大火〉

伝統的メディア文化の特質としては、洋画専門館「グリーン・ハウス」がもたらしたメディア文化にみることができます。(4) 一九七〇年代までに酒田に存在していた複合型映画施設。酒田の中町商店街にあってメディア文化の象徴的なスポットです。洋画専門館・グリーン・ハウスの存在は、酒田と東京のタイムラグを解消、ロードショー上映では東京酒田同時ロードショー公開のスタイルをとっていました。

また、中心商店街である中町は映画環境の宝庫でもありました。伝統ある映画館の数々。映画環境における満足度は、全国でも有数です。日本映画停滞期に入っても、洋画全盛によって潤ったのは一九七〇年代の酒田でした。ところが、一九七六年一〇月、酒田の中心市街地が一夜のうちに消失しました。酒田大火です。(5) 一夜にして消えたメディア文化の街。これによって、酒田は、酒田ではなくなったといわれました。皮肉にも、大火の火元は、何とグリーン・ハウスでした。多くの酒田市民は、グリーン・ハウスで培ったメディア文化の想い出を封印せざるを得ない状況になってしまったのです。それは仕方がないことでした。ど

---

(3) 仲川秀樹、二〇〇六年、六ページ。

(4) 本書、第2章を参照。

(5) 論点は、「酒田大火」と「グリーン・ハウス」と「メディア文化の街」。

うしようもない事実でした。中心市街地にあった「柳小路」をはじめとするマーケット環境。中町商店街に来れば、すべて充足する―そんな中心市街地だった中町が消えてしまいました。

一九七八年の酒田復興は、中心市街地の整備を完了させました。しかし、当時の、懐かしさ溢れる中心市街地の面影は消えてしまったのです。そして、市民は中心市街地を捨ててしまうのです。時代背景もありました。中心市街地から郊外型社会へという生活スタイルの移動。地方のクルマ社会、利便性という消費行動の浸透、全国的なモータリーゼーションの加速するなか、もっとも影響を受けたのは、他でもない中町商店街でした。大火で疲弊した状況の処理で、郊外型社会への対策も後手に回ってしまいました。当然、余力のない中心商店街の苦悩、そして、「とりあえず空間」としての大型ショッピングセンターに対抗する術も見当たらないまま、郊外SC全盛と消費空間の一極集中という形になってしまいました。

〈商店街発アイドルプロジェクト「SHIP」〉

二〇〇一年、中心市街地のメンバーたちによって一つのプロジェクトが発信されました。華麗なメディア文化の復活を目指した企画、それが商店街発アイドルプロジェクト「SHIP」でした(6)。このメディア文化的プロジェクトの発信による影響と効果は、経済的効果では説明できない成果をもたらしました。そのポイントとして、「酒田」「中町」「商店街」「商工会議所」のネーミングが浸透したことです。メディア露出の効果として、酒田をメディア文化の街としてシンボライズしたのです。商店街発アイドルを酒田の現代的メディア文化とすれば、伝統的メディア文化を現代的メディア文化に適応させたあらたなメディア文化のスタイルも提示されました。それが「静態的メディア文化」と「動態的メディア文化」としてのカテゴリーです。

(6) グリーン・ハウス世代の人たちが企画。

〈静態的メディア文化と動態的メディア文化〉

まず、静態的メディア文化としての「雛街道」「傘福」「鶴渡川原人形」です(7)。商店街から酒田市内全域へのメディア・ネットワークの有効性です。地元伝統文化の文化的再生産の景気となり、埋もれていたメディア文化が復活しました。華麗な伝統文化の数々は、酒田商工会議所女性会を中心に再現されました。

そして、動態的メディア文化としての、「酒田舞娘」「商店街アイドル」「料亭文化」「洋のレストラン」などです。伝統アイドルから現代アイドルの要素。観光客と追っかけの登場。また、グルメブームのなかで、酒田で長く根ざしたフレンチ・レストラン、そして数多くの文学書にも登場した、もう一つのメディア文化、これが庄内産レストランです(8)。

このような根拠から、酒田はメディア文化の街と定義したわけです。一九七〇年代に培った酒田のメディア文化が、商店街活性化やまちおこしの一つとしてスタイルを変え、登場した事実を考えます。映画やドラマのロケ地としての実態、そして中心市街地に映画上映環境を整備することなど、酒田は多くの課題をかかえながら、メディア文化を軸に進んでいると思います(9)。

以上で、プレ報告とさせていただきます。

2　中心市街地に人をひきつける―トータルコーディネイトの側面―

司会　報告ありがとうございました。続きまして、本報告に移ります。報告1「中心市街地に人をひきつける―トータルコーディネイトの側面―」、井原友利恵さん、お願いします。

---

(7) 酒田の伝統的カワイイに位置づけ。

(8) 食の都庄内として数々の料理人を輩出。

(9) 「メディア・スポット」本書、第4章を参照。

報告1（井原友利恵）

社会学科三年、井原友利恵です。よろしくお願いします。

では、報告を始めさせていただきます。私たちは、二〇〇九年度フィールドワークへ向けての先発隊として予備調査に入りました[10]。先発隊ということと、酒田に入るのはみんなはじめてということもあり、まず酒田の街を客観的にみてみようということになりました。客観的にみるというのは、最初に抱いたイメージも大事ですが、個々に感じた部分と全体を結びつけてという意味です。ファッションと同じように、コーディネイトするにはトータルで完成させなくてはならない。それが先発隊、つまりユニット1の共通の役割と考えました。

〈人と人との距離〉

まず、はじめに酒田を訪れた第一印象についてお話ししたいと思います。ユニット1のメンバー三人は、全員、はじめての酒田でした。すぐに感じたのは、人と人との距離が近い街だと思いました。社会学を専攻している私たちにとって人間関係は、最初の一歩になります。普段、東京で生活している私たちですが、東京ではみつけることのできない人との距離が大変親密で、第一次的な人間関係が多数存在していることに気づきました[11]。それだけ直接的な関係が築ける場所であるということです。今回のフィールドワーク中にも、清水屋さんの前で、近所に住んでいらっしゃるお婆ちゃんにお声をかけていただきました。自分のお婆ちゃんと話をしているくらい気さくに声をかけていただき、大変嬉しく感じました。

一般に東京で店員さんとお話しをする機会は、常連さんになれば別ですが、通常は、お店に入って、商品を勧められる時や、こちらが何か探している場合に限ってのことが多いのが現実です。東京で喫茶店に入っても、店員の方と特に何か話をするということはほとんどありません。何より、そうした空間のお店が少ないのが大都市だからなのかもしれません。

---

(10) 酒田の全体を把握し、以降のユニットへつなげる役割。

(11) 地域共同的コミュニティ空間。

しかし、酒田では、喫茶店に入ったらお客さんと店員さんとの間では、つねに直接的な会話が存在しました。フィールドワークで酒田に滞在していることをご存知の方もあったせいなのか知りませんが。それでも何気ないやりとりとしてのそのかかわりが、今の時代ではとても貴重に思えました。

また、酒田にいる間は時間がゆっくり流れているように感じました。街並みや人びとの様子がとてもゆったりしていて、心地よい空間でした。この感覚は、決して旅行気分で感じた単純なものではありませんでした。

〈「中町モール」の重要性を発見〉

二つ目は、中心市街地を歩きながら、気づいたことや、そこからみつけた課題、その対応策をいくつか考えてみました。気になったことがまずありました。清水屋さんの前の「中町モール」前にある自転車でした。中町モールはたくさんの人たちが行き来しています。歩くだけではなく、自転車で通る人もいると思います。人が行き来する場所として「みた目」という観点から考えてみました。人が多数往来するならば、その場が美しくあるのが望ましいのではないかと思います。しかし、現在の中町モールには、無造作に置かれた自転車が多く、美しいとはいえませんでした。

そこで、私たちは「自転車置き場」の必要性を感じました。酒田市民が、中心市街地である中町へ行くのに自転車を使うことは大変多いと思います。とくに中高生たち若者はみんなそうです。中高生たちを中町に呼ぶにも、自転車置き場の設置を考えることは重要と思います。費用コストの問題を別にして、たとえば地下に駐輪スペースをつくるとかなどです。こうした観点は、中町モールのアメニティにも関連することになるのではということです。

このアメニティというのは、心地よさ、快適性、楽に生活するために必要なものがあり、その必要なものが整備されている環境のことを言います。中町モールのアメニティが向上することで、市民の生活もより良くなっていくのではと考えています。

〈中町モールのインテリア空間〉

つぎに、中町モールの中心にある花壇に注目しました。私たちが訪れた時には、チューリップが植えられていました。しかし、時期が過ぎてしまったせいか、枯れていました。その姿をみた瞬間から地域・教育と商店街の繋がりという視点に意識が移りました。

まず、花壇の世話を地域の小学校と協力しておこなうということを考えました。小学生が花壇の世話をすることで、小学生は植物を育てるというのを学び、世話をしに来ることで、商店街に定期的に来ることになります。商店街に自然と子どもたちも訪れるようになるのではないかと思いました。小学生も花壇の世話をすることで、自分が育てている花も気になり、手入れをする日でなくても頻繁に商店街を訪れる契機になるのではないかと思いました。幸い、清水屋さんのモール側に地元の中学生たちが描いた壁画がありました。これだと思いました。単純なことでも、地域と商店街が協力して何かをおこなうことは、とても重要なことだと思います。

〈酒田のカワイイ「獅子頭」と「刈屋梨」のキャラクター化〉

三つ目は、今回のフィールドワークの問題提起ともなった獅子頭と梨のキャラクター化についてです。ユニット1の予備調査で酒田市を訪れた時、ちょうど酒田まつり創始四〇〇年本祭りの前夜祭が行われていました。(12) 市役所の前に大きな「獅子頭」が並べられていました。私たちが獅子頭をみて最初にいったのは「カワイイ」という一言でした。今度は、酒田市の

(12) 二〇〇八年前まつり、二〇一〇年後まつり。

シンボルでもある獅子頭から考えてみようと思います。

獅子頭は、酒田まつりなどでもシンボル的な存在だと思います。その獅子頭を、祭りの時だけではなく、もっと全面的に出していったら良いと思います。こう考える理由として、先日市内の高校でおこなったヒアリングの際に、獅子頭を獅子舞と表現している生徒が数多くいました。獅子頭と認識している生徒はとても少なかったです。ここから、高校生のあいだで獅子頭との区別が浸透していないということが分かりました。しかし、獅子頭の認知度は抜群でした。獅子頭をカワイイとした生徒はダントツだったのです(13)。この結果を含めて、祭り以外でも、獅子頭をもっと全面的に出していったら良いと考えました。

そこで私たちが考えたのは、数多い酒田の特産物からフルーツの梨と獅子頭をコラボさせ商品化させるということです。獅子頭の一部ストラップやキーホルダーは、既に出回っているようです。ストラップやキーホルダーという馴染みのあるもの以外に、手頃に持ち歩き可能な、インテリアの一部になるようなグッズの必要性を感じています。

〈刈屋梨はなぜおしゃれなのか〉

四つ目に、「酒田の梨はおしゃれなフルーツ」としてのイメージ、そのブランド化についてです。酒田は、フルーツが豊富と聞いています。山形県のイメージはさくらんぼですが、ここ庄内そして酒田では、メロンや柿以上に、梨の生産に注目しています。そのきっかけは、二〇〇五年のフィールドワークの時、私たちのゼミの先輩たちは、中町モールでの「梨まつり」に参加したそうです。梨は、ヘルシーでダイエット効果もあると聞いています。おしゃれという側面からもピッタリのフルーツだと考えています。まさに酒田の梨は、おしゃれなフルーツとして、よりブランド化を進めることができるのではないでしょうか。今後、酒田

(13) 高校生が選んだ酒田のカワイイ。

の梨には、注目していきたいと思いました。
以上で、報告を終わります。

3 〝おしゃれ〟と〝カワイイ〟スポット―酒田の街からみえるもの―

司会 報告ありがとうございました。つづきまして報告2「〝おしゃれ〟と〝カワイイ〟スポット―酒田の街からみえるもの―」、下平小百合さん、お願いします。

報告2（下平小百合） 社会学科三年の下平小百合です。よろしくお願いいたします。ユニット2では、「〝おしゃれ〟と〝カワイイ〟スポット―酒田の街からみえるもの―」というのを課題に予備調査を実施しました。その結果の報告をさせていただきます。

酒田の街を訪れて受けた印象は、思っていたよりも〝おしゃれ〟だということです。そもそも〝おしゃれ〟とは何なのか。それは人によって価値観が違うと思います。そこで、社会学的に〝おしゃれ〟の定義を考えてみました。それは「複数の人間が、対象のモデルに対し、〝おしゃれ〟と感じたら、それは〝おしゃれ〟として登録される」ということです。これは〝カワイイ〟も同様です。「複数の人びとが、特定のモデルを〝カワイイ〟を登録」したら、それは〝カワイイ〟として当該メンバーでは、共有することができるのです(14)。酒田は東京に比べれば若い人も少ないし、街並みもにぎやかとはいえません。でも〝カワイイなあ〟とか〝おしゃれだなあ〟といったとものはたくさんみつけることができました。そこで、報告2では、「ファッションとおしゃれ」の視点から論点を整理してみました。

---

(14) 本書、第1章の「カワイイ」を参照。

〈〝おしゃれ〟空間としてのレストラン〉

まず、酒田で〝おしゃれ〟な食事をしたなと感じた「欅」と「ルポット・フー」の二つのフレンチレストランについてです。(15)酒田では知らない人がいない二つのレストランです。フレンチ料理は〝おしゃれ〟だけど高価なイメージがありました。実際、私たちも両レストランでコース料理をいただく機会を得ました。どれもとてもおいしかったのですが、旬や地元の食材を駆使した素材中心の味という意味をはじめて実感しました。多くのメディアで紹介されるフレンチの知識は、ポピュラーなものです。しかし、実際、前菜からメインまで、どのように生産され、味付けのレベル云々の説明を受け、いただいたことはありませんでした。商品の説明はあってもこうした食材のプロセスを考えたのは、ここがはじめてです。単純に、東京で同じものを食べようとしたら酒田のお値段では不可能です。ところが酒田では、驚くほどの値段です。地元の常連さんが毎日ランチに訪れる意味がわかりました。そして、両店ともにナルミの洋食器を使用していました。この食器は、東京のフレンチやイタリアンレストランでも多数使用されていて、ウェディングの場面でもよく登場します。

また、店内のお客さんは圧倒的に女性の方が多く、ドレスコードというほどではありませんが、ちょっと〝おしゃれ〟なスタイルの方が多いようにみえました。洋食器やインテリアにもこだわった雰囲気作りが女性客の〝おしゃれ〟意識を高めているのだと考えられます。やはり、酒田の街でもフレンチコード、〝おしゃれ〟感覚なのだなと感じました。両レストランの評判は、東京でも耳にしたことがありました。実際、酒田に訪れてそれを味わい、食スタイルの代表的な〝おしゃれ〟としてこの街を象徴しているのだと理解を深めました。

---

(15) 本書、第2章を参照。

〈伝統的に〝カワイイ〟酒田舞娘の世界〉

滞在中、酒田の伝統的な〝カワイイ〟を代表として酒田舞娘をみる機会に恵まれました。「相馬楼」という旧料亭のなかで再現されている施設です[16]。最初にお座敷に通され、食事をいたしました。しばらくすると舞娘さんが登場し、合計四曲の踊りを披露してくださいました。曲調も踊りのテンポも、だんだん華やかになっていったのが印象的でした。赤を基調としたお座敷に、紅花色の畳を背景に、反対色である緑や紫の鮮やかな着物を着て舞っている姿は、とても可愛らしく華麗でした。酒田はかつて港町として栄え、京都と交流があったためという歴史的事実もあらためて感じました。そのため、酒田舞娘は東北ですけれども京言葉を使われているそうです[17]。

〈女子高生の〝おしゃれ〟を考える〉

〝おしゃれ〟にこだわる年頃の女子高生について調査するため、東京の女子高生にも人気な複数のショップを訪れ、聴き取りをおこないました。酒田市内の高校は、すべて制服だそうです[18]。そして、部活動をしている生徒がほとんどだそうです。つまり、放課後に自由な時間がないので、〝おしゃれ〟に制限がかかりますということでした。

先日、酒田市内の高校で高校生を対象にしたヒアリングを実施したときのことです。「制服を規定通りではなくアレンジしますか?」という質問に対し、「校則は厳しくないけれども、部活動でそのようなアレンジは禁止されている」という答えも多数いただきました。つまり、東京の女子高生に比べて、酒田の女子高生は〝おしゃれ〟をしにくい環境であることがいえると思います。

実際に、制服をアレンジする商品を取り扱っている店員さんにお話を伺うことができまし

---

(16) 酒田の華麗な伝統を再現。伝統的カワイイと規定。

(17) JR東日本CM。

(18) 酒田市内公立私立すべて制服。伝統を維持しているのは酒田東高校と酒田商業高校の女子制服。

た。そこで、某高校生人気ショップの商品であるカーディガンやセーターなどで、制服を規定通りではなく〝おしゃれ〟にアレンジしようとする酒田の女子高生なのでしょうかという問いを投げかけました。回答として注目したのは、偏差値の高い学校の生徒は〝おしゃれ〟に着こなし、偏差値の低い高校の生徒はジャージなどを着崩す傾向にあるということです[19]。

とくに、偏差値でいうなら高い学校の生徒の多くは、母親と一緒に買いに来るケースが多いそうです。ここで考えられることは、偏差値の高い学校に自分の子を入れようとする親は、平均よりも生活水準が高いからだと考えられます[20]。一概にはいえませんが、〝おしゃれ〟をしにくい環境にありながらも、それにこだわろうとする女子高生は、ある程度余裕がある生活を送っているケースが多いという仮説も成り立ちます。もちろん、この仮説は全てといえるものではありません[21]。ただ、ヒアリングやアンケート結果の数値から分析したところ、このような結果が出てきました。これは、社会学的な結果であり、興味深いものでありました。

〈大火以前の酒田（中心市街地の流れ）を知る必要性〉

酒田に〝おしゃれ〟や〝カワイイ〟と感じるスポットが多くあった理由は、酒田舞娘の話の時にも申し上げましたが、かつて港町として栄え、娯楽性の高い文化が入りやすい環境にあったからという事実を知りました。しかし、真に酒田の街をとらえるには、酒田大火が起きる前の状況にもう少し踏み込んでいくことが不可欠なようです。

フィールドワークでは、酒田大火以前、酒田の中心市街地にはどのようなお店があり、またメディア文化の源流となった背景など、ヒアリングを通して検証していく予定です。ただ、今回の報告にある内容は、高校生にターゲットを絞ったため、酒田大火についての質問はで

---

(19) 予備調査におけるヒアリングにて。

(20) 二〇〇八年文部科学省「全国学力・学習状況調査（全国学力テスト）」専門家会議の指摘を参照されたい。

(21) おしゃれとの関係をみるのに女性誌の実用性よるビジュアル性重視の点から分析可能。

きませんでした。そのため、研究課題として残し、今後に活かしていこうと思いました。

〈「刈屋の梨」と女子高生とのコラボレーション〉

山形県は果物王国です。中でも、庄内地方は砂丘地が多く、スイカにメロンといった果物が豊富です。ただ、「山形県」イコール「さくらんぼ」のイメージは絶対です。これと競合する気はありません。ところが、酒田の特産という正確な見方からすれば、報告1にありましたように、酒田のフルーツ「刈屋の梨」は絶対です。梨というフルーツは、イチゴやバナナのようなデコレーション用途には弱いように思われます。しかし、水分が一〇〇％近くで栄養価が低く低カロリーです。女性たちが気にする「ダイエット」、それに「ヘルシー」をカバーするには充分な魅力があります。この「ヘルシー」という言葉は、女性にとってそれだけでブランド力があります。なので、梨は〝おしゃれ〟なフルーツといえると確信しました。そのため、酒田市内の女子高生たちの皆さんとコラボレーションした商品として、今後より大きな目玉になる可能性があるのではないでしょうか。

今回のゼミフィールドワークで得たもう一つの〝おしゃれ〟と〝カワイイ〟スポットは、フルーツ「刈屋の梨」です。この発見を、今後のフィールドワークで引き継いでいこうと思いました。

それでは、発表を終わります。

4　メディア・スポットの可能性―酒田の街に根づくエリアを追う―

司会　報告ありがとうございました。つづきまして報告3「メディア・スポットの可能性―

酒田の街に根付くエリアを追う—」、原田怜子さん、お願いします。

報告3（原田怜子）　社会学科三年、原田怜子です。よろしくお願いします。

では、報告3「メディア・スポットの可能性—酒田の街に根付くエリア—」として、「酒田」の街をみていきたいと思います。今回のフィールドワークで訪れた酒田市を中心とした庄内地方は、映画やドラマのロケ地として数多くの作品が作られてきました。なかでも一番ホットな話題は『おくりびと』だと思います。(22) 他には庄内を舞台にした『たそがれ清兵衛』(23) などもその代表とされています。

なぜ、庄内地方にスポットが当てられ、数多くの作品がこの地で撮られるようになったのでしょうか。これを語る上で一番必要なのは、庄内、特に酒田の街に根ざす地域性、歴史的背景をメディア環境の側面からみる必要があります。これは予備調査などを踏まえた上で報告していきたいと思います。

〈メディア・スポットの検証〉

予備調査で酒田に入り、短い時間でしたが可能なメディア・スポットを歩きました。とくに興味深かったメディア・スポットは、つぎの四ヶ所でした。①中町商店街、②山居倉庫、③相馬樓、④日和山エリアなどのスポットです。

最初は「中町商店街」です。ゼミでは、二〇〇三年と二〇〇五年過去二度にわたりここをメインにフィールドワークを重ねてきました。ここは人口一〇万都市である酒田市の中心地であり、庄内地方唯一のデパートといわれているマリーン5清水屋が存在しています。中町に出かけたらめざすシンボルのナンバー1ともいえます。中町商店街は、資料などで知りましたが、一九七〇年代に存在していた洋画専門映画館「グリーン・ハウス」の影響をもっと

(22) 二〇〇八年（滝田洋二郎監督・松竹）。

(23) 二〇〇二年（山田洋次監督・松竹）。

も受けているエリアということです。また、以前に酒田発アイドルプロジェクト「ＳＨＩＰ」の活動のメインステージにもなっていました(24)。本シンポジウムのプレ報告にもあったように、メディア文化の街を定義づけるゆえんです。本日のシンポジウムの会場になっているマリーン５清水屋からの景色は、美しいものです。天気がよければ、鳥海山をみることができます。ここをメインスポットにする理由はそこにあります。

第二の「山居倉庫」は、明治二六年に建設された庄内米の保管倉庫です。現在そのなかの一棟が庄内米歴史資料館として開放されています。また、新井田川沿いの欅並木と独自の景観は、酒田市のシンボルにもなっています。そして、二〇〇四年にオープンした「酒田夢の倶楽」は、観光ルートで外す事のできない重要なスポットになっています。いずれの場所も、シンボルであると同時に、重要なメディア・スポットであることを認識しなければいけません。近年でも多数のサスペンスやドラマ、また映画なども撮影されているので、本当に素晴らしい代表的なメディア・スポットだといえます(25)。

第三の「舞娘茶屋・雛蔵書廊　相馬樓」は、江戸時代から酒田を代表している料亭である「相馬屋」を修復して二〇〇〇年に開樓された場所です。予備調査では、相馬樓のなかをみせていただきました。そして、メインはやはり「酒田舞娘」の踊りを楽しみながらいただく舞娘御膳です。とてもきらびやかな中身で、私たちも一つひとつを楽しみながら食べました。相馬樓の正面には「舞娘坂」と呼ばれる石畳の通りがあり、映画やドラマのロケには欠かせないスポットになっています。

最後は、庄内地方と切り離せない関係にある、もっともホットな映画『おくりびと』のメインロケ地にもなった日和山公園エリアにある旧料亭「小幡」です。このエリアにはいくつ

(24) 日本海寒鱈まつり、酒田まつり、どんしゃんまつり、縁日まつりなどフォーシーズンを通したイベントの中心会場。

(25) 酒田の代表的な観光スポットであり、メディア・スポットでもある。

ものルートが設定してあるのが特徴といえます。日和山から旧料亭小幡、日枝神社から「港座」舞娘坂あるいは海向寺から「港座」というルートです(26)。ルートの選択には、いくつかの楽しみもあり。風景がまったく異なることです。

以上の主要メディア・スポットを検証するだけでも、酒田特有の文化的スタイルをみることが可能です。酒田が映画やドラマのロケ地として登場する頻度が高いのか。それを認識するには、十分なバックグランドでした。

〈メディア・スポットにみる酒田の魅力〉

酒田を観光地として活性化させ、また映画やドラマのスポットとして注目させるには、土地の魅力を最大限に引き出して人びとを招き入れる必要があります。スポットの一つである「相馬樓」は舞娘茶屋でありますが、一般的には舞娘といえば格式が高く、近づきにくい雰囲気というものがあります。しかし、ここでは身近に舞娘さんと接する空間を設けてくれます。地元の料理屋さんの味を楽しみ、舞娘さんたちと記念の写真撮影ができる、このようなスポットは、とても稀だといえます(27)。伝統的な世界を酒田ならではのアレンジした伝統的アイドル舞娘さんとして、〝カワイイ〟世界を演出してくれる、今日の観光というものに対応したもう一つの文化というものがそこにありました。とはいっても俗化するわけではありません。凛とした雰囲気はそのままに、私たちのために少しだけ敷居を下げてくれたというイメージです。

つまり、歴史ある文化に私たち外部の人間にも触れやすくしてくれたのです。その感覚は山居倉庫にもありました。建造物にある外観の文化を残しながら、資料館や物産店を作ることにより、一層の集客を獲得できる。つまりこれこそ、歴史文化と現代文化の融合した新し

(26) 仲川秀樹、二〇〇六年、酒田市内のルート構築。

(27) 舞妓さんを舞娘さんにすることで等身大に楽しむことをめざした。

い観光のスタイルだと思えます。

また、映画『おくりびと』の舞台となったことで見直された場所も多々あります。それでも、それらも独自の風景・建物を映画という現代のメディアから発信した文化に乗せることによって観光地としての価値を高めており、また古き良きものをより高めていくことが可能になると考えます。観光客や外部の方々の訪問により、地元だけでは気がつかないこと、地元の人たちだけではみえなかったものもみえてくる。それが、ある意味での『おくりびと』の効果だといえます。(28)

〈予備調査からみえてきたもの〉

予備調査では、多くの酒田市民の人たちの活動を少しでもみて、可能な限り地元の人びとと接する機会につとめてまいりました。それぞれの場所で感じるゼミ生たちを迎え入れてくれる姿勢には、華麗なスタイルを前面に押し出す地域性を強く感じました。華麗という意味は、大都市と地方都市レベルでのとらえ方ではありません。物理的情報的次元での比較は何の課題を解決させる方法にはなりません。華麗という意味は、伝統的アイドルだけではない、現代的アイドルとしてのプロジェクトだった「ＳＨＩＰ」の活動にもあったような酒田から発信したエンターテインメントの世界そのものにあります。酒田がメディア文化の街とする根拠もそこにあります。外部から入った文化を取り入れ、それをオリジナルな文化として定着させていく。地道ながらもバラエティに富んだ進化を遂げている街が酒田なのだと思います。

また、今回の『おくりびと』に関しては、一時的なメディアの流行ではなく、今日、それで得た情報、地域発展の仕方などをうまく生かして、これからも観光発展に活かしていくことを期待したいと思います。この地域の風景は、決して無理矢理作られたものではありませ

(28)「旧料亭小幡」は地元の保存会が以前から力を入れていた施設。

ん。自然的な世界観をこれからも永遠に残し続けます。これからもメディア・スポットとして存在し続けると思います。(29)

今回はメディア・スポットの可能性という視点から酒田市内を回りました。現代にありながら、古風の良さを残す街並みの美しさに私はとても惹かれました。根づいた土地特有の文化を大切にしつつ、しっかりと外部からの情報も受け入れて変容していく街や文化、また「SHIP」を誕生させた商店街、メディアを発信する側に挑戦してみる、そんな人びとの姿勢にも大変興味を持ちました。

最後に、予備調査では「文化と観光との融合」という分野にとても関心を持ちました。今後の研究にも取り入れていきたいと考えています。

以上を報告とさせていただきます。

第2節　リプライ・フロア

1　報告者と討論者―学生たちの思考―

司会　報告ありがとうございました。以上で、プレおよび三報告を終了させていただきます。

これよりリプライと併せて、報告内容について討論者とのあいだの質疑へと進めていきたいと思います。ではまず、報告1に関して、国友由佳さん、お願いします。

(29)　映画撮影中も手を入れない空間が残っている街。

〈第一次的な人間関係の存在する街〉

討論1（国友由佳）　社会学科三年の国友由佳です。よろしくお願いいたします。先ほどの報告1ですが、同じユニット1を担当し予備調査にも参加しましたので、少し補足をしたいと思います。報告1のなかで、「酒田を訪れた第一印象では、第一次的な人間関係が多数存在している」と説明がありました。この第一次的な人間関係というのは、社会学の概念では、親密な間柄にある関係を指します。地域社会などでは、ローカル・コミュニケーションが成立する関係のことをいいます[30]。「おはよう」「こんにちは」などの挨拶から始まり、日常生活のコミュニケーションが成立する、すごく近い関係という意味です。

それでは、本題に移りたいと思います。報告1で、つぎの三点について質問させていただきます。

まず第一点、「酒田を訪れた第一印象」の最後に、「酒田にいるあいだは時間がゆっくり流れているように感じました」とありますが、「時間がゆっくり」というのは雰囲気的には分かるのですが、具体的にはどのようなことですか。

〈時間がゆっくり過ぎる酒田の街とは〉

報告1　はい、ではお答えします。酒田の街並みであったり、空気であったり、自然であったり、東京では感じることのできないある空間のなかで過ごし、そのように思いました。その空間として、東京でゆったりとくつろぐには、自分がくつろげる空間を確保しなければなりません。そのために自宅に一人でいたり、一人でカフェに行ったりというように、一人で過ごす環境を日常から維持しなくてはなりません。これは物理的にかなり困難を要します[31]。

しかし、酒田では、一人でブラっと外に出て、それを可能にする空間がある。それがロー

（30）仲川秀樹、二〇〇五年、六三ページ。

（31）大都市特有のシステムに対応したカフェ環境のなか、地方都市の環境は困難。

カル・コミュニケーションの成立している中町にはあるのです。過ごそうと思えば、いくらでもその環境で個人であり、複数の人間であり、時間を共有し、くつろげることができるそのようなことです。

ただし、刺激や情報中心以外に好奇心いっぱいの中高生には、何もない退屈な空間として、映っていることも理解してのことです。世代やいま置かれている環境の満足度など課題もたくさんあると思います。

それを承知の上での考えを述べました。

討論1　ありがとうございます。第二点として、「中心市街地を歩いて」のところで、予備調査と本調査で私も一緒に歩きました。確かにモールの花壇の他にも、市内の小中学生が書いた大きな絵が目にとまって、周りの風景にマッチしていました。すごくいいなと思いました(32)。そのような地域性を感じることのできるのが中町モールの良さだと思います。そのためにも自転車置き場を設置するべきだと考えるのですが、実際に、設置を考えた時に、良いと思われる場所は確保できるのでしょうか。

〈中町モールのアメニティ〉

報告1　はい、お答えします。大前提として、いまの空間を崩すことなく、アメニティを向上させることが大切だと思っています。なので、何らかの形で地下に作ることが良いのでは、と考えています。

討論1　地下に設置するということは、いいアイディアだと思います。しかし、酒田の街には、若者よりも高齢者の姿をよくみかけます。地下という案は、高齢者の方には少し辛い部分があるかなと思ったのですが、それについて、いいアイディアはありますか。

---

(32)　マリーン5清水屋の中町モール側外壁に市内中学校生徒のテーマ別作品。

報告1　ただ、実際、高齢者の方は自転車に乗るか否かという現実もあります。それを別にしても、地下では高齢者の方には確かに負担になってしまうかと思います。高齢者の方の負担を少しでも減らすように、地下から上がる際の坂道の傾斜をゆるやかにしたり、自分の力で自転車を押さなくても良いように、自転車を乗せて坂道を上がれるようなベルトの設置を考えています。

討論1　ありがとうございます。では最後の質問です。「獅子頭と梨のキャラクター化」の報告で、「手頃に持ち歩き可能なインテリアの一部になるようなグッズの可能性」とありますが、インテリアの一部になるようなグッズとして、具体的にはどのようなものが考えられますか。(33)

報告1　はい。インテリアの一部になると申し上げたのには、酒田のシンボルとしての獅子頭を多くの人たちの日常生活に取り込んでもらうには、コンパクトに持ち歩きができることが必要と考えたからです。手ごろであることで、より多くの場面でみなさんの目に触れるものを考えています。具体的には、エコバックやティッシュケースなどを考えています。

討論1　ありがとうございました。私からは以上で終わります。

司会　ありがとうございました。先ほどのお話しに出ましたように、やはりゼミの先輩たちのフィールドワークの記録だけでなく、今回のフィールドワークでも中町モールの存在は絶対だというように理解しています。(34)今回のように、会場を中心市街地で実現できたことや、共催したフリーマーケットなど、やはり酒田の中心というものがこのエリアにあるということで、あらためて中町モールは必要不可欠なものであることを感じました。

では、つぎの報告2に関して、太刀川遥香さん、お願いいたします。

---

(33) すでに「獅子頭」グッズは多数商品化されている。さらにカワイイのコラボをめざすには。

(34) 高齢者も子どもも、そして中高生や若者たちにも、貴重な可能性をもつ空間。

〈〝おしゃれ〟と〝カワイイ〟の意味をもう一度〉

討論2（太刀川遥香）　社会学科三年の太刀川遥香です。よろしくお願いいたします。まず、先ほどあった報告2に関して補足をさせていただきます。「酒田をはじめて訪れて」のところで、「複数の人間が〝おしゃれ〟と感じ、登録したら、それは〝おしゃれ〟ということです」というところの、「複数の人間」という言葉の定義ですが、社会学では「二人以上の人びと」のことを指します。つまり特定のモデルを二人が〝おしゃれ〟や〝カワイイ〟と感じたら、その空間では共有されて、それは〝おしゃれ〟や〝カワイイ〟と登録されるということです。(35)

では、質問に移らせていただきます。二つほど質問があるのですが、まず「〝おしゃれ〟空間としてのレストラン」という部分で、「〝おしゃれ〟空間」としての括りのなかで、酒田市内にある喫茶店も私にはおしゃれだと感じたのですが、レストラン以外に喫茶店などはどうお考えでしょうか。

〈喫茶店という時間が過ぎ去る空間〉

報告2　はい、私も喫茶店をおしゃれだと感じました。普段、東京で生活している私たちにとって、酒田にある喫茶店は、どこも人と人との距離が近いように映りました。本来、喫茶店とはそういうものかもしれません。一九七〇年代頃までには、そうした喫茶店がたくさんあったように伺っていました。それが実際、酒田で当時に近いようなスタイルで時間を過ごせる空間は、私にとって非日常であったのかもしれません。そのために魅力を感じたのではないかと思います。日常的ではなく、非日常的なものに心を奪われることは誰しもあると思います。

---

(35)「カワイイ」の概念。

喫茶店のおしゃれ空間を考えると、クラシックの曲が流れる店内、ジャズがスピーカーから流れる店内、イベントが終了し、そこの余韻に浸るなど、喫茶店ごとにスタイルがあり、常連さんの生活スタイルとマッチングしていることに気がつきます。

討論2　ありがとうございます。〝おしゃれ〟な喫茶店やカフェは、内装、外装、そして食器やグラスなどにも気をつかっていると思うのですが、そのあたりはいかがでしたか。

〈喫茶店の〝おしゃれ〟と〝カワイイ〟〉

報告2　はい、もちろん非日常的であればすべて〝おしゃれ〟ということではないかと思いますが、私が訪れた酒田の喫茶店では、内装、外装ともに気を配っており、とても〝おしゃれ〟な空間だと思いました。コーヒー一つにしても、ブレンドと銘柄によってカップも異なり、ウィンナーやカプチーノそれぞれにデザインの楽しみもありました。紅茶にいたっては、マスターのセンスがお店ごとにあらわれていました。

そして、デザート類の豊富さです。ほとんどの喫茶店ではオリジナルのケーキを提供しており、なかには手作り和菓子をメインにすえているお店もあります。おしゃれでカワイイデザートを楽しめるそれもオプションだと思いました。

さらに感じたのは、店内に置かれている雑誌の種類です。音楽や陶器などの芸術的なものから、セレブ的な女性誌のラインアップにあらためてお客さんの階層を認識しました。(36)ファーストカフェ全盛のいま、ゆったりとした時間を過ごせる空間があるということは、気持ちもやすらぎます。本当のおしゃれとは、そんな環境をいうのではないかと感じました。

〈伝統的カワイイとしての「酒田舞娘」〉

討論2　ありがとうございました。最後の質問ですが、「伝統的に〝カワイイ〟酒田舞娘の世界」

---

(36) 自分の居場所的空間になる喫茶店の場合、客層のカラーを分類できる。

というところで、一般的に舞娘さんといえば京舞妓のイメージがあると思うのですが、酒田舞娘ならではの良さや可愛らしさはあるのでしょうか。

報告2　はい、まず京舞妓と酒田舞娘の違いについて感じたことです。京舞妓はお客様と一緒に楽しみ、酒田舞娘はお客様をもてなす、というスタイルをとっています。同じではないかと思われるでしょうが、酒田舞娘には妹的な気質があり、それが独特な可愛さなのかなと感じました。

実際、京舞妓さんは存知ませんが、酒田舞娘さんは、踊りや記念撮影以外に、受付や売店で直接、お客さんに対応してくれます。敷居が低いという意味は、等身大的な要素とやはり妹感覚で接してくれるというものではないでしょうか。私も酒田舞娘さんと直接そのような場面を体験することができましたので、ありのままの気持ちです。

討論2　それと、伝統的な酒田舞娘が今でも根強く残っているのには、何か理由があるのでしょうか。

報告2　はい、地元の伝統的な民謡をアレンジした舞いをしており、地域のインフォメーションとしての役割も重要な要素かと思います。それが伝統様式として、今でも根強く残っているのかなと思います。昨年のJRのCMに酒田舞娘さんが登場しています。そのなかで、女優の吉永小百合さんのコメントにその意味が象徴的に表現されています。(37)

討論2　ありがとうございます。質問は以上です。

司会　ありがとうございました。つづいて報告3に関して、相田晴美さん、お願いします。

討論3（相田晴美）　社会学科三年、相田晴美です。よろしくお願いします。報告3に関連して、三つほど質問したいと思います。まず第一点として、「メディア・スポットの検証」で、酒

(37)　酒田舞娘の福千代さんと智弥さん。

田発アイドルプロジェクトＳＨＩＰの話題がありました。ちょうど本日、ＳＨＩＰがモデルとなったドラマ「ＳＫＩＰ」が、ＮＨＫにて全国放送されました。[38]酒田に来てからＳＨＩＰ誕生に関わったスタッフの方々とともに「ＳＫＩＰ」をみる機会がありました。そのドラマをみて、酒田の中町から誕生した商店街限定のアイドルであった女の子たちのエピソードを知ることができました。それがいま、ドラマとなって全国放映されることの重要性を考えています。単純にまちおこしなどという次元での話でなくなったような気がしています。その点について、お考えをお聞かせください。

〈「ＳＨＩＰ」にあったストーリー性〉

報告3　はい、ではお答えします。まず思ったことは、ＳＨＩＰにはストーリー性があったということです。その物語が多くの方々に通用しているということです。以前からＳＨＩＰの存在は聞いていました。資料も拝見させていただきました。予備調査でも商店街を周り、当時の関係者にもお話を伺いました。そしていま、ドラマをみて再確認させていただきました。彼女たちが中町で活動していた当時は、「素晴しい日々であったのだろうと」。

前回、二〇〇五年のフィールドワークでは、ゼミの先輩たちが、ＳＨＩＰを対象とした調査をおこない、ＬＩＶＥや彼女たちに直接インタビューしたことが触れられていました。[39]また、前々回、二〇〇三年にはフィールドワークとともに、そして一〇月には、東京に出張し、日本大学の学園祭でＬＩＶＥをする機会もあったそうです。[40]正直、うらやましい限りでした。残念ながら、いま、ＳＨＩＰというアイドルは、終わってしまいました。しかし、ＳＨＩＰがモデルとなったドラマをみることができたのもやはりフィールドワークでの縁かなと思っています。その後もＳＨＩＰプロジェクトがいまだに続き、進化していることを感じました。

---

(38) 東北ブロック版、ＢＳ版、拡大版の三度の全国放映に。

(39) 二〇〇三年と二〇〇五年のフィールドワークで実施。

(40) 二〇〇四年一〇月三一日。日本大学桜麗祭にて。

討論3　ありがとうございます。つぎの質問をさせていただきます。ＳＨＩＰの発信地は、中町商店街でした。中町は、商店街発としてＳＨＩＰをサポートした場所ですが、中町商店街をステージとした効果とはどのようなものだったと思いますか。

報告3　はい、ではお答えします。宣伝のステージという意味では、先ほど「商店街はローカル・コミュニケーションの成立する場」という指摘が報告1でありました。それに沿ったように、ＳＨＩＰの存在があるように思います。普通、アイドルとファンといえばものすごく距離が離れていて、あまり接することができません。しかし、ＳＨＩＰとファンのあいだには、通常のようなアイドルにあるハードルはなく、むしろ等身大に接することができる関係にあったと思います。

これまで色々な資料を調べて、ファンの人たちと彼女たちＳＨＩＰが親しくコミュニケーション空間をつくっているのを知りました(41)。ファンとアイドルのあいだに存在する第一次的なコミュニケーション、つまりこれを可能としたのが中町商店街というステージだと思っています。商店街がステージであるからこそ、ＳＨＩＰのＬＩＶＥ中、偶然中町モールを通り過ぎる一般市民が、何をやっているのだろうと思って立ち止まることができるのです。その意味では限定された人たちだけでなく、多くの人たちにアピールすることができる場所でもあるのです。それが中町商店街だったのだなと思っています。

討論3　ありがとうございます。最後にもう一つ質問させていただきます。日和山エリアにある映画館「港座」についてお聞きしたいと思います。今回のフィールドワークで、地元の高校生たちと意見交換をした時に、市内で映画をみたいという意見が多くありました(42)。メディア・スポットとして、映画のロケーション現場は注目されていますが。実際、酒田市内では、

(41)　素人であり、等身大の地方アイドルという性格。

(42)　酒田商業高校との合同ゼミ。

上映する映画館はないことに驚きました。フィールドワークでその点いかが感じられましたか。

〈あらたな映画上映施設「港座」と「中町シネ・サロン」〉

報告3　はい、私にとって映画とは特別なものです。たとえば、今の時代ではＤＶＤやビデオなどがあり、映画は家でもみる事が可能です。それなのに、わざわざ映画館に行ってみるのです。私は本当に映画館に特別な想いを抱いています。それは、スクリーンの大きさとか物理的なもの以上、その雰囲気、観客と一緒にその作品に共有し、同じ想いに浸れるのです。映画館というものはそのような存在と思います。

また、酒田に入り、予備調査では、一九七〇年代の酒田を振り返りながら、復活を掲げた二ヶ所の映画館、港座と中町シネ・サロンをみせていただきました。(43) 上映されている作品は、最新作のロードショー公開ではなく、不朽の名作中心であることにとても驚きました。幼い頃にみた大好きな作品もあって、機会があればみにいきたいと思ったくらいです。

したがって、私が映画に求めるのは、最新であることだけではありません。どんなに古い作品であれ、その魅力を全開に出せる場所、それを映画館に求めています。以上です。

討論3　ありがとうございます。ただいま港座という話が出ましたが、港座を訪れてみて、昭和の映画館とはこのような映画館を指しているのかと感じました。最新のシネコンにはない素敵な懐かしさがあるように映りました。港座のロビーに貼られているポスターなど、独特な雰囲気を作りだしていました。外観的な部分、ロビーについてはどのように思われましたか。

報告3　はい、私たちが訪れた時には、ちょうど演劇の舞台稽古の最中だったのを覚えていま

(43) ユニット1は、「おくりびと」受賞直後で館内整備完了時。ユニット3は、港座復活祭当夜に訪問。

す。普通、映画館といえばスクリーンがあるだけで、ある意味、受け身の場所というイメージがあります。しかし、私たちが訪問した時は舞台稽古をしていて、創る側というものを垣間見せていただきました。また、ロビーにつきましても色々なチラシやポスター、映画雑誌も展示され、文化的な意味でも楽しめる場所になっていました。創造的・文化的なものを強く感じました。

〈米国アカデミー賞外国語映画賞受賞メインロケ地〉

とくに、港座は、米国アカデミー賞外国語映画賞を受賞した、「おくりびと」のロケ地です。重要な場所になっていました。そして、中町シネ・サロンは、かつての洋画専門館「グリーン・ハウス」復活の序章としての意味合いがあることも伺っています。メディア文化の街「酒田」を象徴している場所として認識しています。以上です。

司会　討論者の皆さん、ありがとうございました。ここで、少しお時間がありますので、報告者・討論者の方から補足説明などがありましたら伺いたいと思います。

報告1　井原友利恵です。先ほどの報告1での討論の時、「自転車置き場をどこに作りますか」と質問されて答えたことについて補足をしたいと思います。その時、「いまの空間を崩すことなくアメニティを向上させることが大切だと思います」と答えました。その「いまの空間」というのは、現在ある中町モールをそのまま残していくという意味で申し上げました。以上です。

司会　ありがとうございます。他に補足説明・追加で質問などはありますでしょうか…。

〈中町商店街発アイドル「SHIP」がドラマ化され全国放映「SKIP」へ〉

では、司会者から質問させていただきます。先日、酒田入りしてから、NHKドラマ「S

ＫＩＰ」の映像をみさせていただきました。それに関した内容で、報告者・討論者の方と意見を交換していきたいと思います。実在したＳＨＩＰというアイドルグループをもとに、今回「ＳＫＩＰ」が放映されました。本日の午前中、全国放映もされたということです。

報告3　そうですね。豊かなキャストが揃ったドラマがつくられていました。事前にＳＨＩＰの活動について調査をしていましたが、ドラマになって「このような過程を経て展開されたのだ」とあらためて知ることができ、すごく身近に感じました。嬉しく思いました。これに関して、報告者の下平さん、「ＳＫＩＰ」をみた感想をひとこといただいてもいいですか。

報告2　はい、実際にみさせていただきまして、商店街の方々とアイドルのみんながすごく近い存在でした。これは東京では不可能な設定です。めずらしさもありながら、みんな一生懸命、地元や商店街のために動いていたのが伝わってきました。前回、二〇〇五年のフィールドワークがうらやましかったです。

2　学生とフロアとのインタラクション

司会　ありがとうございます。それでは、シンポジウムも後半に入ります。リプライからフロアに移ります。ここでは、本日、ご出席いただいたフロアのみなさまからのご意見やご質問を交えて進めていきたいと思います。それでは、これまでの報告・討論、それ以外でもどうぞ。

〈シンポジウム共通テーマについて〉

フロア1　色々な視点からの報告ありがとうございました。質問という形でよろしいでしょうか。今日のテーマは「〝おしゃれ〟と〝カワイイ〟スポットを探そう」ということなのですが、皆さんが考える〝おしゃれ〟と〝カワイイ〟の定義について、そこに注目された意味、そして、どうしてそれらを前面に出して今回報告されたのかについてお聞かせいただければと思います。

司会　ご質問ありがとうございます。いま、三つのご質問がございました。第一は、〝おしゃれ〟と〝カワイイ〟についての定義、第二は、それに注目した意味、第三は、どうして今回このようなテーマなのかということです。まず、一番目に関しましては、報告2の下平小百合さん、お願いできますでしょうか。

報告2　ご質問ありがとうございます。〝おしゃれ〟の定義についてですが、これはもちろん年齢や性別、国籍などによっても人それぞれだと思います。社会学的に〝おしゃれ〟を定義した時に、そこに居合わせた複数の人間が、そこで示した対象（モデル）をみて〝おしゃれ〟と感じたら、その空間ではそれは〝おしゃれ〟として登録されたことになります。それは〝カワイイ〟も同様です。その場で、複数の人間が同じように感じたら、それは〝おしゃれ〟と認知されることだと思います。

司会　ありがとうございます。それでは二番目のご質問に関して、討論2の太刀川遥香さん、お願いできますでしょうか。

討論2　ご質問ありがとうございます。どのような点に注目したかについてなのですが、まず〝おしゃれ〟と〝カワイイ〟スポットを酒田の街で探すということで、私たちは予備調査から訪れました。酒田の街で〝おしゃれ〟だなと感じたものはたくさんあります。先ほどご発表させていただきましたように、レストランであったり喫茶店であったり、また相馬樓さんに行ったときには内装も外装も、〝おしゃれ〟だと感じましたし、酒田の舞娘さんもすごく〝カワイイ〟と思いました。

そもそもおしゃれとは、新しいとか古いとかという次元ではないように思います。カワイイ同様に、エントランスのつくりから、壁飾りなど、全体部分から個別部分、ワンポイントワンポイントに特質があり、それを何人かで共有できれば、おしゃれであり、カワイイだと思います。お寿司屋さんに入り、握られたお寿司をみてカワイイと感じたり、穴子を盛り付けた容器をみておしゃれと思ったり、受け取り方は多様でした。(44) そのような視点から、酒田の〝おしゃれ〟という部分に注目しました。

司会　三番目の、今回の報告で掲げた「〝おしゃれ〟と〝カワイイ〟スポットを探そう」というテーマについて、井原友利恵さん、お願いできますか。

報告1　ご質問ありがとうございます。今回のどうして「〝おしゃれ〟と〝カワイイ〟スポットを探そう」を前面に出した報告になったかということについてお答えいたします。私たちゼミでは、伝統的に先輩たちも流行やファッションに関心をもち、研究を続けてまいりました。前回のシンポジウムでは、商店街の進化として、酒田の街は、エンターテインメント性の高いメディア文化の街であることを前面に出して開催しました。(45)

今回は、メディア文化のより明確なテーマを、いまトレンドである「おしゃれ」「カワイイ」に絞ってみていこうじゃないかと今回の研究になったわけです。途中経過ですが〝おしゃれ〟と〝カワイイ〟スポットについて報告している次第です。

〈ゼミの研究テーマは「メディア文化論」〉

司会　司会の方からも補足をさせていただきたいと思います。今回のシンポジウム共通テーマについてですが。通常、私たちのゼミではゼミ生各自が、それぞれの研究テーマを持ってお

---

(44) 「鈴政」の穴子寿司を入れた容器。

(45) 本シンポジウムの理論的前提。

ります。共通の関心がメディア文化論の領域です。(46)

その点で、私たちが注目をする基準のなかで、たとえばテレビを見ていてもお店に入っても「あ、カワイイ!」という言葉が心のなかで浮かんで手にとる場面がすごくあるのですが、この酒田の街でも多くありました。メディア文化のなかで注目される共通点といたしまして、〝おしゃれ〟〝カワイイ〟というものが、やはり私たち女子学生ということもありまして、すごくメインとなっています。そのことから、注目されるという点で、〝おしゃれ〟と〝カワイイ〟を掲げて、今回は酒田の街でフィールドワークを実施さえていただいております。先ほどのご質問いただきました点につきましては、このように回答させていただきたいと思います。いかがでしょうか。

フロア1 ありがとうございました。

司会 ご質問ありがとうございました。では、つぎの方に移らせていただきたいと思います。

〈「中町モール」はどのようにあるべきか〉

フロア2 ゼミの皆さまには、七年前より中町にいらしていただいて、そのたびに中町からの発信ということで、非常に活性化に役立っておりまして大変感謝申し上げます。さて、ゼミの皆さまは、先輩を含めて七年ほど中町にいらっしゃっている訳ですが、実は、中町商店街には今後の課題と申しますか、方向性を決めなければならない問題が一つあります。それは、ここ清水屋の前にある「中町モール」、歩行者専用道路といいますか、モールがあるのですが、ここを今後どうするかという問題です。ここに車を通すべきだという意見があれば、いやこのままにして活用をいろいろと考えて活性化に役立てようという意見もありまして、そろそろこの問題にケリをつけないと今後の方向性もみえてきません。そこで、今日は、行政の皆

(46) ゼミの専攻を「マスコミ基礎研究・メディア文化論ゼミ」で募集。

様もたくさんいらっしゃっておりますので、皆様より、このモールは今後どのようにあるべきかというものをご教示いただければ、と思いまして質問いたします。よろしくお願いいたします。

司会　ご質問ありがとうございます。中町モールについて、ゼミの見解を各自報告させていただきたいと思います。報告者、討論者の皆さん、お願いします。

報告3　はい、お答えします。予備調査と本調査を通じ、中町モールは何度も何度も歩きました。周囲の状況も検証いたしました。その度に、本当にあの場所独自の素晴らしい空間があることに気づかされました。先ほどのご質問のなかで、車を通すべきではないか、つまり道路にするべきではないかというご意見があるという話が出ていました。もしあそこが道路になってしまった場合、ただの通過路になってしまうのではないかという気がします。商店街の良さというのは、ぶらりと立ち寄れる店があったり、また、そこを歩く人とのローカル・コミュニケーションがあったりという場所があることだと思っています。私たちは、歩いていていろいろなものを発見したという場所が中町だと認識しています。中町モールは、あのままの形であることが重要です。そのままの形で残して欲しいです。

〈中町モールにステージを〉

そして、再びSHIPのようなプロジェクトが発展する場合には、あの場所をステージにして欲しいと思っています。また、フィールドワークの予備調査中、中町モールでコンサートのようなものをしているのをみました。あの自由な空間で二人の若者が歌を歌っていて、その周りに通りすがりの人を含めて、その姿を追っている。中町モールだからそれが実現しているのです。やはりあの場所でなければだめだと私は思いました。私としてはあのまま残していただければ、そしてできればステージにもして欲しいと思っています。以上です。

報告1　お答えいたします。中町モールでは、フリーマーケットなどもよくおこなわれています。人と人とが交流するにはとても重要な場所であると考えています。また、予備調査の時は、酒田まつりウィークに入り、いろんな催し物が組まれていました。ちょうど猿回しのイベントに遭遇しました。たくさんの子どもたちや高齢者の方々もみんな笑顔で猿回しをみていて、とても楽しい空間であると感じました。

〈必要不可欠の「中町モール」〉

とくに、高齢者の方々にとって中町は楽しみの場所で、安全に過ごすことができるエリアです。万が一車を通してしまうと、ただの通過路ということになってしまいます。ストロー現象ということばを社会学の世界でもよく耳にします(47)。ただの通過路で何のメリットもなくなります。これまで以上に中心市街地は廃れるのではないでしょうか。後戻りができなくなってしまいます。多くの人たちが集う場所、ローカル・コミュニケーションの成立する場所として必要不可欠です。中町モールは、このまま残しておくべきだと考えております。

司会　司会の方からも補足させていただきます。私たちが日常生活している東京の商店街がございます。そこでは「自転車も降りて通ってください」という指示が出ているなど、安全を保つための配慮がなされております。同じように、中町モールに関しましても、とても安全に生活できる空間だというように予備調査・本調査を通して感じることができました。過去二度の先輩たちのフィールドワークでも同じような結果が出ております。この点ゼミの研究成果は一貫しております。それに車を通してしまうと安全面での確保が厳しいのではないかと意見が多く出ております。これは自然ではないでしょうか。そのように回答させていただ

---

(47) 清水屋前のバス停からモール側の入口使用時。スーパー「ト一屋」へ横断。サンタウン病院から清水屋入場時など。

きたいと思います。

フロア2　大変貴重なご意見、ありがとうございます。行政の皆さんもシンポジウムに出席されていらっしゃいますし、きっと政策に活かされると思います。ありがとうございます。

司会　ご質問ありがとうございました。他にご質問ある方、いらっしゃいますでしょうか。

フロア3　すみません、先ほど紹介してくれた「刈屋の梨」生産者の一人です。中町から遠い地域に住んでいます。いまのフロア3の発言で、車を通さない方がいいというご意見に皆さんは落ち着いたように思えます。ただ、田舎の方に住んでおりますと、高齢者において、公共交通機関が全く整備されていない関係上、やはり車がないことには生きていけないという現実がございます。買い物に行くとしても、車で移動するので郊外型の商店に行かなければ買えないという現実が控えている訳ですけれども、どうも、最近、そこまで買い物に行くことすら、距離的な問題に苦痛になってきていると聞きます。高齢者の場合ですね。

〈昔ながらの商店街復活も〉

もう一つ、若者のあいだには自動車離れも始まっているということです。これを考えると、何だか雰囲気的に、こういう昔ながらの商店街が復活してくるのではないかと思います。ただ、その中で、今日のテーマにさせていただいている〝おしゃれ〟と〝カワイイ〟というのでは、高齢者の方が対象になると、ブレてしまうのではないかと思う節もあります。そういうお話しもあるということで参考までに頭に入れていただければと思いまして、お話しさせていただいた次第です。よろしくお願いします。

司会　大変参考になるお話をありがとうございます。地方では車での移動がほとんどということで、郊外型のお店、駐車場がきちんと整備されているお店に人が集まってしまう。それに若者は、自動車から離れてしまっていてあまり移動しないというご指摘もありました。

〈高齢者にも〝おしゃれ〟で〝カワイイ〟街〉

また、〝おしゃれ〟〝カワイイ〟というテーマは、確かに若者向けに発信していくととらえられがちなテーマですが、私どもといたしましては、〝おしゃれ〟や〝カワイイ〟をする年齢は若い人たちだけではなく、もちろん年齢にかかわらずそれぞれの楽しみ方もあり幅の広いテーマだと思っています。個人的な意見といたしましては、何歳になっても女の子は女の子でいたいという気持ちは、どの方でもお持ちかと思っております。私の祖母も、やはり化粧品にこだわっていて、たとえ出かける回数が減ったとしても、外出時に使うパックは、「これが〝カワイイ〟のよ」、と一言アピールしてきます。そのような気持ちは、いつまでも年齢に関係なく持っているものだと思っています。

そして、中町商店街は、〝おしゃれ〟をして出かけてくる場所と語られていた街です[48]。その歴史からしても、ゆったりと歩く高齢者が中心となるような商店街にもまた、〝おしゃれ〟や〝カワイイ〟を楽しむスポットとしての魅力は十分に存在していると感じています。清水屋さんの客層などにもそれが顕著にあらわれているように思います。

フロア3　大変参考になります。

司会　ありがとうございます。では、他にご質問はございますか。

〈市内の女子高生が〝カワイイ〟スポットをアピールするには〉

フロア4　市内の高校三年です。先月、一〇月二一日に私たちの高校に来ていただけるとのことで、その時はよろしくお願いします[49]。今回、〝おしゃれ〟と〝カワイイ〟スポットを探そうということでお話しを聞かせていただきました。私は酒田に住んでいるのですけれども、

---

(48) 本書、第2章の中町ファッションの由来参照。

(49) 酒田西高生「未来のやまがた」提言シンポジウム。本書、第4章第3節を参照。

こんなに酒田に〝カワイイ〟スポットがあることにはじめて気づきました。酒田に住んでいるから酒田を知っていると思い込んでいて、あまりそういう〝カワイイ〟ということを知ろうとする努力をしていませんでした。

そこで、酒田にあるこういう〝カワイイ〟スポットを身近な人や近所の人とかにアピールしていくことで、私たちにできることはあるのでしょうか。教えていただけると有り難いです。よろしくお願いします。

司会　はい、ご質問ありがとうございます。こちらの〝カワイイ〟というアピールをどのようにしていったら良いのかということで、今回〝カワイイ〟について報告していました、下平小百合さん、お願いできますでしょうか。

報告2　ご質問ありがとうございます。フィールドワーク中に市内の高校にてヒアリングを実施し、生徒さんたちと意見交換をおこないました。その時、〝おしゃれ〟な場所とはどこですか？　と聞いたところ、「若い人が集まるところ〝おしゃれ〟」という答えがありました。そこで一つ考えたのが、刈屋の梨と地元女子高生のコラボレーションです。具体的にどのようなことをするかについてはこれからの課題ですが、若い人たちが刈屋の梨に注目していただき、それが〝おしゃれ〟だという意識を持ってもらえることからはじまるのかなと考えています。

〈日常生活で可能な〝おしゃれ〟スポット談義〉

司会　いまの回答に補足する形で、討論者の国友由佳さん、お願いできますでしょうか。

〝おしゃれ〟をどのように伝えていけば良いかということなのですが、普段、足を運ぶ機会がないために気づくことのできない〝おしゃれ〟なスポットがたくさんあると思います。出かけるきっかけになるものをつくると良いと思います。それによって高校生の皆さんがたくさん訪れ、たとえば、「モアレさんのメニューは〝カワイイ〟よね」とか、「あそこに〝カワイイ〟ものがあった」とかそんな感じです(50)。普通の日常生活で、おしゃべりしながらでも〝カワイイ〟スポットの話ができたらすごくよいのではないでしょうか。

〝カワイイ〟アピールをどのようにしていったらよいか、今度は、太刀川遥香さん、お願いできますでしょうか。

討論2　ご質問ありがとうございます。高校生とのヒアリングの場で、〝おしゃれ〟スポットとして酒田のロックタウンが上位に上がりました。ロックタウンがなぜ上位に上がったかは、若い人が集まるから〝おしゃれ〟な感じがするからとか、〝おしゃれ〟なお店がたくさんあるからという理由です(51)。

やはり、〝おしゃれ〟といえば、若い人が集まる場所というのがあると思います。酒田にもそういう若い人たちが集まるスポットというのがたくさんあると思います。そういう所がアピールポイントになると思います。

司会　先ほどご質問いただきました、アピールをどのように具体的にしていったら良いかということで、司会からも一言回答させていただきたく思います。ゼミでは社会学的視点から、〝カワイイ〟というのは、何人かが〝カワイイ〟と思ったら、それは共有された〝カワイイ〟として登録されると規定しております。そのため、やはりその対象となるモデルに直接触れて、〝カワイイ〟と感じてもらうことが大変重要だと思っております。それらをアピールしていくということは、直接皆さんにそういうものに接していただく機会が必要であると考えてします。

具体的な方法といたしましては、こちらのお祭りであるとか、イベントの方に参加してい

(50) コミュニケーションの中継点的存在。

(51) 高校生が必要としているショップが充実している。

ただいて、街のどこかに潜む小さなところの「気づき」を増やしていただくことが重要だと私は考えています。よって、市内の各地を何気なく訪問する機会を皆さんで、生徒会さんの方で増やして欲しいです。

今回、フィールドワークなどで酒田の〝おしゃれ〟や〝カワイイ〟ものをみつけることができました。こうした経験を皆さんにもぜひ感じていただけたらなあと思いました。いかがでしょうか。

フロア4　ありがとうございます。

司会　ありがとうございました。ご質問ある方、いらっしゃいますでしょうか。

フロア5　よろしくお願いします。私は、酒田FMハーバーラジオを毎日聴いています。皆さんが知るハーバーラジオは、どのようなラジオ局なのかということをお聴きしたいです(52)。

司会　ご質問ありがとうございます。FMハーバーラジオについて、私どもがどのように感じているかという質問ですね。予備調査で酒田を訪れた時、実際にハーバーラジオさんのスタジオで番組に参加させていただきました。井原友利恵さん、お願いします。

報告1　ご質問ありがとうございます。お答えいたします。予備調査の時に、ハーバーラジオにて収録の機会を得ました。ラジオの収録自体はじめてのことで驚きが多かったのですが、考えさせられることもありました。パーソナリティさんからの問いかけで、フィールドワーク実施にあたり「なぜ、酒田がメディア文化の街なのか」という質問に的確に答えることができなかったことです(53)。収録を終えて、ユニット1のメンバーたちとすぐにこの問題を話し合いました。何のために酒田に入ったのかを考え直すほど、重要なことでした。この経験のおかげで以後の予備調査と本調査では、ゼミ生たちも再認識してのぞんでいます。

---

(52)　地元FMラジオ局。予備調査にて3ユニットの学生が出演。

(53)　伊藤裕輔アナウンサー担当時。

確かに、ハーバーラジオの方々は、過去二度の先輩たちが実施したフィールドワークに参加され、報告内容を読まれています。そうした意味でメディア文化の街の問いはかなり的確でした。自分たちも新しく発見することがたくさんありました。いろいろと調べていかなければいけない、考えていかなければいけないということを感じました。一般的には、情報を発信するマス・メディアの存在としてハーバーラジオさんをみております。

司会　これに補足いたしまして、原田怜子さん、お願いします。

報告3　ではお答えさせていただきます。ユニット4の予備調査でも、短時間ではありましたがハーバーラジオの朝の生番組に参加させていただき、大変お世話になりました(54)。やはり地元密着型のラジオということで、地元のことを知り尽くしたパーソナリティさんによる地元のためのラジオという印象を抱きました。地元を知り尽くすということは、普段から歩かなくてはならない。自分の目で事実をありのままにみる。ジャーナリストの基本的スタイルかもしれません。とくに感じたのは、フィールドワークでも私たちはハーバーと同じように酒田の街をみて、そこの人たちと接していかなくてはならないことです。出演した生番組で、パーソナリティの方に振られた時、状況を把握した過程でコメントを求めたその内容は本当に的確でした。そこでも酒田の街の関する印象や、誇れるものが何であるかについて再確認させてもらえる機会になりました。そして何よりハーバーラジオのウリは通行人からもスタジオがみえる。そこにあると思います。地元と密着したFMラジオたるゆえんがここにあると思いました。以上です。

フロア4　ありがとうございました。ハーバーラジオは良く聴いているので参考になりました。ありがとうございました。以上です。

---

(54)　佐藤和香子チーフアナウンサー担当。

第3節　酒田市内高校生の声

1　酒田市内高校生調査の中間報告

司会　ありがとうございます。ではつぎのプログラム、「酒田市内高校生七〇〇人に聴く〝中心市街地とメディア環境に関する調査〟―中間報告―」です。(55) 原田怜子さん、お願いいたします。

報告　はい、社会学科三年、原田怜子です。よろしくお願いします。

では、『酒田市内高校生がみた「中心市街地」と「メディア環境」に関する調査」―中間報告―』について報告させていただきます。お手元にある資料の最後のページの方にあります調査用紙のページを開いていただけますでしょうか。また、単純集計表という色刷りの冊子もございますので、こちらも参照くださいませ。

先ほどから何度も申し上げておりますとおり、〝おしゃれ〟や〝カワイイ〟を中心に研究をしております。もっとも流行に敏感なのは、若い女性です。なかでも〝カワイイ〟に敏感なのは、ＯＬ・女子大生や女子高生たちです。とくに酒田の街での若い女性たちの多くは女子高生です。高校生は様々な情報に接する機会がとても多いので、その意味においても、今回の調査結果には、酒田特有の若者文化が浮かび上がるのではないかと興味を抱きながら実施しました。

(55) 中間報告の数字で、全集計結果は、本書の第3章を参照されたい。

早速ですが、報告に入らせていただきます。冊子の方の調査対象の方と単純集計の基本データとの間には多少の違いがございます。これは中間報告でございまして、冊子に記載されているC高等学校については、まだ調査中ですので、今回は外させていただきました。したがいまして、今回の中間報告における基本データになりますのは、色刷りの方になりますので、こちらについて説明させていただきます。

まず基本データです。今回、酒田市内の高等学校三校を対象に調査させていただきました。今回の集計対象になりましたのは、男子は一八四人、女子は二九三人です。学校別になりますと、A高校から一九四人、B高校から二八三人です。そして質問項目についてですが、まずは酒田の街は好きかや、そのなかで自慢できるものなど、酒田に関しての情報をメインとさせていただいております。また、ゼミの研究テーマに重なるように、〝おしゃれ〟や〝カワイイ〟について、またその意味で注目するスポットについても聴いています。また、こちらも外せないものなので、「おくりびと」についても質問しています。では、以上の点のなかから抜粋した項目について集計結果を報告いたします。

2　酒田の街の好感度

Q1です。「酒田の町は好きか」こちらに関してですが、好きと答えた割合は五七％と相当高いものになっております。その理由につきましては「いい街だから」「空気がいい」「落ち着く」など、街の良さを語っているものが多かったようです。また、「海・川・山」など、自然が素晴らしいという意味で好きと答えている人も多かったです。そしてやはり外せないものは、食べ物がとても美味しいことです。私たちもこれには同感しています。フィールドワークを通じて、回答にあるこれらの魅力を全て体験させていただきました。その体験から、「好き」と答えてくれた生徒たちが、どれだけそれらを素晴らしいと思っているのか実感しております。

また、「どちらでもない」という意見に関してですが、「静か」「もう少し商店街がにぎやかになって欲しい」「もっと楽しい場所が欲しい」という意見も多数ありました。やはり、地元の望む要求度は当然の内容でしょう。これらの意見には、もっともっと良くなって欲しいという地元に対する肯定的希望が「どちらでもない」のなかに多数含まれていました。そして、最後に「嫌い」の五%という数字です。こちらに関しては「交通が不便だから」という理由が主でした。これらの回答者の多くは、列車通学など遠いところから通っている生徒が多かったように思います。

そして、「好き」「嫌い」に関するページにいきますと、「酒田の街で自慢できるもの」「酒田の街で劣勢だと考えるもの」という項目に入ります。こちらなのですが、ユニット1の方でいろいろ魅力的な面について調べている第一グループの国友由佳さん、よろしければお願いします。

討論1　私は、トータルコーディネイトという観点から酒田の町をみていましたので、こちらの資料にあるQ2、Q3を中心に感想を交えながらお話ししたいと思います。アンケートの結果のQ2にもありますように、酒田の街で自慢できるものの上位に「自然が豊か」「食べ物が美味しい」とあります。この点は先ほど原田さんのお話しと重なるところがあるのですが、私たちも実際にフィールドワークを通して感じることができました。報告1のとおり、やはり皆さん酒田を心地よい空間だと思われているのだとあらためて感じました。「食べ物が美味しい」という回答で、前回の予備調査、今回の本調査とともに酒田で美味しい食事をいただきました。その時に、刈屋の梨にはすごく感動しました。普段、食べている梨との違いや、生産過程も伺い、本当に美味しかったです。本日も刈屋の梨をいただいたということで、大変嬉しく思っております。ありがとうございます。やはりこの梨はもっとブランド化できると感じました(56)。

つぎにQ3の「酒田の街で劣勢だと考えるもの」です。非常に重要な点だと思っています。若者が地方を離れる問題に直接かかわることです。やはり仮説どおり「店が少ない」「衰退していて街に活気がない」など多くの高校生が感じているという結果が出ました。ここで、Q1の「酒田の街が好きか」というデータと比較します。酒田の街が「嫌い」という回答はごく少数で、「どちらでもない」が多いことに注目してみたいと思います。このことから見ても、店が少なく活気がないから嫌だという訳ではないのですが、若い中高生が行く理由があまりなくなってしまっており、せっかくいい街なのに残念という気持ちが多いのだと思います。足を運ぶきっかけになるものを考える必要性を感じました。また、先日酒田市内の高校を訪れて聴き取り調査を行ったのですが、多くの高校生が中町にファッションのお店や飲食店があれば良いという声がありました。

ここでQ10をみていただきたいのですが、「中町で新しい店の希望」のところで、この事前のアンケートでも聴き取り調査と同じような結果が出ています。一位はファッションのお店ですが、こちらに関しては後ほど報告します。ここでは飲食店に関してのことです。高校生が欲しいと答えた飲食店とは、主に「マクドナルド」などのファーストフードや、「ガスト」

(56) 刈屋梨は、すでに商標登録済み。ブランド化は確立されている。

などのファミリーレストランのことでした。中高生にとっては、金銭面から見ても、ファーストフードやファミリーレストランが嬉しいものです。高校生にとって食事をする場所というよりも、ゆっくり座って、軽く何かを食べながら楽しんで話をする「たまり場」のような空間を希望しているのです。私も地方出身のため、酒田と同じように高校生の頃はこのような場所が近くにありませんでした。したがって学校帰りには外のベンチに座って話をしたり、すぐに帰ってしまっていたりして、友達ともっと話をしたくてもできない状況でした。ファーストフード店やファミリーレストランはありましたが結構距離もあり、自分の高校の近くにあればいいなと思っていたものです。中高生が気軽に入れて楽しくおしゃべりできる場所の必要性を感じました。

確かにフィールドワークでも利用した〝おしゃれ〟な喫茶店が酒田市内にいくつも存在しています。そうした喫茶店がすごく好きで、落ち着けるし、マスターや周りの方々とゆっくりお話しをしてくつろぎたいと思うときに利用したいと感じました。それでも高校生の立場なら、大勢でワイワイガヤガヤしたりできるような、喫茶店というよりはファーストフード店のようなお店が欲しいと感じます。そして、落ち着きたい時には喫茶店へ行ってお茶をしたいなと思っています。私からは以上です。

報告　ありがとうございました。それでは、続きの項目に入っていきます。Q６ですが、こちらは中町商店街に行く頻度や目的など、商店街に対する意識について聴いています。この結果から分かることは、高校生が「中町によく出かける」という割合は確かに少ないように思います。そして、その結果からみる中町に出かける目的になりますと、やはり何か用事がなければ行かないということです。その理由として、高校生の行きつけの店として「ジャスコ」

や「ロックタウン」が多いことがあげられます。そこに行くのかについて、高校生にインタビューしてみたところ、「何となく」という答えがとても多かったのです。何となく行ける場所、という意味では、中町はやはり目的がないと行けない場所ということになってしまうのかもしれません。けれども、中町に出かける目的には「遊び」「モアレ」「清水屋」なども上位に入っているので、この点からみても、確かに中町は頻繁には行かないけれども大事なスポットに入っていることはみて分かります。

続いてQ7、「高校生の行きつけの店」の項目に入ります。いま話に出たとおり、ジャスコやロックタウンが上位に来ています。そこで買い物をする理由は何かについて聴いてみたのですが、自転車通学の生徒たちに多かったのは「家が近いから」という答えです。「良い品物が売っているから」という答えは、ある意味において自分の欲しいものがあるから行くということになります。つまり、そういう意味で考えて、もちろん目的を持って行く場所ではあるのですが、かなりいろいろな答えがあるように思えます。先ほどあげた理由以外にも「安いから」「カワイイから」「いろいろなお店があるから」など、さまざまの意見があげられています。つまり、とりあえず行ける空間、「とりあえず空間」ということになります。いろいろなものが揃っていて、とりあえず行くと何かがあるということで、ジャスコやロックタウンが行き着けの店の上位に入ってくるということになります。

Q8の「デートの時に利用する場所」について、やはりこういう時には、基本的に自分として良いなと思った空間にしか行こうとはしません。それにカモフラージュという意味合いもあります。商店街などではやはり交友の幅が広い分、デートに行くところを目撃されたくないなど、やはり少し親密すぎる空間よりはサバサバしている空間の方を好む傾向があるようです。つまり、ロックタウンやジャスコは海などに次いで上位に入っているのは、人がいるからこそ、自分だけのプライベートな空間をある意味で確立できる、ということになります。しかし、それに対して海や港や公園なども上位に入っていることは、一番の問いにあるように、酒田の自然が素晴らしいということを皆さん誇りに思っている意識がそうした選択にするのだと思っています。

続きまして、少し飛びますが、「中町での新しいお店の希望」という項目に入ります。どのようなお店ができたらもっと中町に行くのに、という話になるのですが、これに関しましては、欠かさず読む雑誌、これはQ13の女の子が限定なのですが、これによってファッションのお店に対して求めるものも変わってきます。このことに関しては、ファッションについて研究している太刀川遥香さんにお願いしたいと思います。よろしくお願いします。

3 女子高生のファッション意識

討論2 はい、Q10とQ13を関連させながら報告を続けていきたいと思います。先ほどのQ3では、「酒田の町で劣勢だと考えるもの」の上位に「店が少ない」があがっていました。Q10の「中町で新しい店の希望」の質問で、「ファッションのお店」という回答が圧倒的に多い結果になりました。先日、高校生にヒアリングをした際に、具体的にどのようなお店を希望するのかについて質問したところ、東京渋谷にある「109」といったお店が欲しいという回答が一番多かったです。109というのは、東急系列の若い女の子を対象としたファッションのお店のことをいいます。調査結果をみても、109は、全国的に女子中高生たちかの人気も高いという印象を受けました。

それに関連して、Ｑ13を注目したいと思います。よく読まれる女性誌に関しての質問です。(57) 回答結果の上位の雑誌について、まず一番に『Ｐｏｐｔｅｅｎ』、二番目に『ＳＥＶＥＮＴＥＥＮ』、三番目に『Ｚｉｐｐｅｒ』という結果になりました。『Ｐｏｐｔｅｅｎ』は、若いギャル系の雑誌です。『ＳＥＶＥＮＴＥＥＮ』は、女子中高生向けのコンサバ系の雑誌です。『Ｚｉｐｐｅｒ』はカジュアル系、四番目の『ｎｏｎ－ｎｏ』もカジュアル系、五番目の『ＪＥＬＬＹ』はお姉さん系のギャル系雑誌になります。

この結果から、基本的にギャル系とカジュアル系に分類しながら分析が可能となります。ギャル系の雑誌である『Ｐｏｐｔｅｅｎ』が上位に上がっていることと、Ｑ10の「新しいお店の希望」に、１０９というギャル系のファッションのお店が上位にあるということに関連していると思います。

先日、ヒアリングをした際に、雑誌選びの基準のポイントについて女子高生に聴いたところ、ファッションを基準というよりは「モデルさんがカワイイ」「キレイだから」という回答が多かったです。これは、東京に対するあこがれにもつながるのかなという印象を受けました。なお、都会ではコンサバ系も人気なのですが、コンサバ系のあいだでは『ＣａｎＣａｍ』や『ＪＪ』などの雑誌が読まれています。しかし、酒田の女子高生のあいだでは、コンサバ系の雑誌を読んでいる生徒はそれほど目立ちませんでした。その理由を聴いたところ、「コンサバ系の服は値段が高いから買えない」「その点、カジュアル系の服はリーズナブルで買いやすい」ということでした。その理由として、酒田市内の女子高生はほとんど部活に入っていて、アルバイトをする時間が少なく、ファッションにかけるお金が東京の子たちに比べ

(57) 年齢・系統別女性誌ラインアップによる分類。

て少ないためなのかな、と考えました。私からは以上です。

報告　はい、ありがとうございます。酒田の女子高生のファッション意識を女性誌との関連から報告をいただきました。これに関して下平小百合さん、何か補足的なものがありましたらお願いいします。

報告2　若干の補足ですが、いわゆるギャル系の洋服の人気が高いということについて、そのような服を着ている高校生にヒアリングをしたとき、「どこで洋服を買うのか」について質問したところ「仙台まで出かけます」という回答が多かったです。中町にはそのようなお店が少ないので、女子高生たちは市外に求めるのかな、と考えました。以上です。

4　メディア・スポットをみる

報告　ありがとうございます。以上で「中町での新しい店の希望について」の項目を終わります。

つづきまして、Q17の「おくりびと」のロケ地に関した項目に進みます。単純集計表では最後のページになります。これをみる限り、ロケ地を訪れた人数は六〇％に近いということが分かります。

当然のように、アカデミー賞を受賞した「おくりびと」のスポットは、注目されているということが分かります。それに関連して「おくりびと」に対してどのような感想を持ったのかについてですが、上位に上がってきたのは「良いことだと思う」「一時的な活性化だけれども、これからももっと発展していって欲しい」「酒田が有名になったので嬉しい」「PRになって良かったと思う」など好意的な意見です。もちろん、「いつまでも〝おくりびと〟だけに頼っていてはだめだ」という厳しい指摘もありました。すべての意見が好意的ではないのですが、大半の生徒たちは「すごいことだ」「活性化されると嬉しい」など、良い印象を抱いています。(58)

また、これに関連して「酒田で映画やドラマが撮影されるとしたらどのような作品を希望するか」について質問したのですが、「おくりびと」に関連する流れもあったり、酒田の良い雰囲気を残したいということで「地元に密着した映画をもっと作って欲しい」というのもありました。もっとも、中には「もう作らなくて良い」という回答もありましたし、ブームが過ぎてしまったら寂しくなってしまうのではないかなど、未来に少し不安を抱いている生徒もいました。しかし、私どもの研究の上では、やはりこういう意味でメディアがより一層活性化していくことによって、「おくりびと」だけではない、そのつぎの発展もできていくと思っております。

5　高校生の〝おしゃれ〟と〝カワイイ〟

報告　最後に、今回のテーマに掲げた〝おしゃれ〟と〝カワイイ〟をあげたいと思います。

Ｑ９の「酒田の街で〝おしゃれ〟だと感じるスポット」、そしてＱ11の「酒田の街で〝カワイイ〟とイメージされるもの」の項目です。Ｑ９に関しましては、一位がロックタウンでした。先ほど申し上げましたように、これはとりあえず過ごせる空間が欲しいというようになっているのでしょうか。

(58) 小幡や港座の認知は高くなった。若者にここを維持する重要性を伝えていく努力が必要。

それにつづいて出てくるのが、公園や海、また自然のあるところということで、最初の質問の結果にもありましたように自然が愛されているということがよく分かります。自然に次いで三番目には、中町商店街、モアレさん、また清水屋などの中心市街地一帯が登場します。これらの回答からも、高校生たちには、やはり中町は一つの〝おしゃれ〟なスポットになっていることが分かります。つまり、〝おしゃれ〟という意味でここに目線を向けている生徒も多いので、さらなるアピールポイントができれば中町の活性化につながっていくのだなと思います。(59)

そして、Q11の「酒田の〝カワイイ〟イメージ」についてです。高校生が酒田のカワイイにあげたのは、「獅子舞《ししまい》」でした。じつは正確には「獅子頭《ししがしら》」なのですが、地元の高校生は獅子舞と呼んでしまっているようです。しかし、なかには、獅子頭ファミリーの名前をそれぞれ回答した高校生も多く、知名度は高いと思いました。通常、酒田市役所正面に四体、中町モールに二体おかれています。(60) 酒田まつりでのパレードの主役になります。私たちが酒田に来て、市役所の前を通った時、「何だろう?」と思えたくらい印象に残ったのが獅子頭でした。中町モールを歩いたときにも、両端に赤と黒の獅子頭がいました。これは目印にもなるし、またその前で写真を撮ったりすることもできます。ある意味、私たちにとっては、渋谷のハチ公よりもよほど印象深いスポットでした。やはり、高校生たちにとっても、獅子頭はとても印象深いものではないかと思います。

先日、高校生に「獅子頭が好きと回答した数の多いこと」に触れた時、「えっ、そうなの?」という反応が返ってきました。意外な数字と驚きながらも、理解を示した表情が良く伝わってきました。確かに、高校生の意識のなかには獅子頭というものがありました。

(59) 若者たちに中町プラス日和山やロケ地などの組み合わせの浸透を。

(60) JR酒田駅構内にも大獅子ファミリー誕生の由来の看板設置。

そこで考えたいのは、獅子頭をもっともっと前面に出していくことができれば、酒田のマスコットキャラクターとしてはウリになっていくと思います。市内のお店で、獅子頭の人形など一部キャラクター化されているのは目にしました。それ以上に、刈屋梨とのセットなどにしてのあらたなマスコットは、酒田の〝カワイイ〟にもつながっていくと思います。

獅子頭以外のカワイイとしては、白鳥やモアレさん、田んぼなどの自然があげられていました。高校生たちは身近にあるものから〝カワイイ〟ものを見つけ出している様子がわかりました。ただ、酒田に住んでいる高校生と私たちの〝カワイイ〟の対象が少し異なっているというのも感じも受けました。ともあれ、酒田にはもっと〝カワイイ〟ものがあります。これからも追究して、それをもっともっと若い人たちが共有できる〝カワイイ〟にしていければ嬉しいと思いました。

6　卒業したら将来の選択

最後に東京に抱くイメージや、生徒の将来のことについての項目について簡単に報告いたします。

Q15には、「卒業した後にも酒田に住みたいか」という項目があります。そこでは「分からない」という回答が一番多くを占めていました。先行き不透明な高校生たちのこの答えを求めることは困難かもしれません。この結果は妥当と思います。それをふまえ、回答の理由としましては、「帰ってきたい」という気持ちが多いものの、しかし将来がどうなるのか分からないから、という意味で「分からない」にした生徒が非常に多いということです。

また、「卒業後も酒田に住みたい」と回答した高校生たちの多くからは、「安心感があるから」「いいところだから」、そして「酒田が好きだから」「住み慣れたところだから」というような、とても好意的な意見が出ており、多くの生徒は酒田に愛情を抱いているということが分かります。もちろん、「住みたくない」と回答した生徒もいます。「都会に行きたい」「進学または就職は酒田以外で」といった現実的な意見もみられました。

都会にあこがれがあるのかについては、Q４の「東京に抱くイメージ」の項目をご覧ください。これをみますと、肯定的な意見が七〇％近くになっています。ただし、今回の集計におきましては、「都会であるから」という意見も一応肯定的の方に含めましたので、この割合となっております。そして、「東京はうるさいところだ」「怖いところだ」「人が多すぎる」といった回答も多数あり、肯定的なイメージを抱きながらも都会に行きたいと思っている訳ではないということも明らかになっています。酒田に住みたいとは思っていても、就職面などを考えたとき、やむを得ず酒田の外に住むこともあるという考えが多いようです。

総合的には客観的にみても、酒田市内の高校生たち、「酒田の街が好き」と感じていることに疑いはありませんでした。今回の調査結果は中間発表ということと誤差の範囲もあり、修正部分も生じてくるかもしれません。正確な数値と分析結果は、後日、報告させていただきます。(61)

以上で、説明を終わります。

(61) 本書の第３章は完成版。

7　中間報告に関してフロアと学生

司会　以上、中間報告をさせていただきました。こちらの調査に関しまして、何かご質問等ございましたらお願いできますでしょうか。

フロア5　このようなデータをみせられると、いまの高校生の考えをあらためて知ることができました。何を考えているのか良く分かりました。大変良かったなと思います。以上です。

司会　ご意見ありがとうございます。私どもは、現段階では中間報告ですので、最終的な結果と分析ができ次第、また皆さまに報告させていただきたいと思います。今回の集計結果に関しまして、他にご質問、ご意見のある方はいらっしゃいますでしょうか。

フロア6　皆さま、大変立派な調査をしていただき、酒田の街をアピールしていただき、大変有り難く思っております。これからも酒田に来ていただき、いろいろな学術的な調査をしていただければ大変有り難いと思います。

さて、今回のアンケート調査のなかで、お聞かせいただきたいことがあります。Ｑ９の「〝おしゃれ〟スポット」について、「特にない」「分からない」を合わせると五〇％を超えています。Ｑ11の「酒田の〝カワイイ〟イメージ」についても同様に、「特にない」「分からない」が五〇％以上になっています。つまり、現在の高校生たちは〝おしゃれ〟あるいは〝カワイイ〟の部分を、そんなに日常的に考えてはいないのかとも思えます。その辺についてどのように分析されているのか、今の段階のもので結構でございますので、お聞かせいただければと思います。よろしくお願いします。

司会　ご質問いただきましてありがとうございます。アンケート結果Ｑ９、Ｑ11につきまして、「特にない」「分からない」という結果が半数に達する結果が出ております。それに関しまして、原田怜子さん、お願いいいたします。

報告　はい。では、お答えさせていただきます。確かに、酒田で〝おしゃれ〟なスポット、また〝カワイイ〟イメージの方で五〇％近くの生徒が「特にない」「分からない」と答えたのは事実です。実際、そうした質問をした時、「えっ、そんなものがあるの？」と反応されたこともあります。深く追究していきますと、多くは、「なるほど、自分にとっては日常的なものすぎて当たり前だと思って〝カワイイ〟と思っていなかった」「そこにあって当たり前なので、〝おしゃれ〟と思っていない」という例が多々ありました。

そして、〝おしゃれ〟スポットとしての一位がロックタウンであり、これは目的がなくても行ける空間という位置づけもされていますので、その面からみましても、行く場所という意味での〝おしゃれ〟、つまりこれをめざして行こうと意識されていないのではないかとも私は思っています。

フロア６　はい、ありがとうございます。

司会　ありがとうございました。では、他にご質問がある方はいらっしゃいますでしょうか。

フロア７　私も女子高生の娘が二人いるものですから、今回のアンケートは興味深く拝見させていただきました。調査結果では、情報ソースとして雑誌をかなり細かく調べていてよく分かったのですが、やはり今の時代のメディアといえばテレビだとか、もしくはインターネットという手段もあるかと思います。その辺について、皆さんの感覚的な面ではやはり雑誌の影響力の方が強いというふうに思われるのか、お伺いしたいと思います。

司会　ご質問ありがとうございます。私たちにとって雑誌の影響力はどのようなものかについて、太刀川遥香さん、お願いできますでしょうか。

討論2　ご質問ありがとうございます。お答えいたします。雑誌の影響力はそれなりにあると思います。東京では雑誌をよく読んでいて、自分のファッションスタイルを研究している高校生が多いです。こちらでヒアリングをした印象といたしましては、酒田市内の女子高生たちは、そこまで雑誌に魅力を感じていないというか、影響力がそこまでないのかなという印象を受けました。雑誌を読んでいるより、テレビなどの影響も大きいような気がしました。もちろん、雑誌を読んでいる高校生たちもいますが、ヒアリングの時に生徒から「雑誌で得た情報を活かそうとしても仙台まで行かないとお店がないので不便だ」という意見をいただいています。雑誌に載っているようなファッションをしたくても酒田ではなかなかお店もなく、できない。それが関係しているのかもしれません。以上です。

司会　雑誌の影響力について、下平小百合さんの方からも意見をいただけますでしょうか。

報告2　ご質問ありがとうございます。いまのお話しにもありましたように、雑誌で見た洋服がこちらでは売っていないという事実から、雑誌をみる気にならない女子高生が多いというのが、ヒアリングをした時に分かりました。ご質問の、テレビなどのメディアと雑誌とではどちらの影響力が大きいかですが、洋服に関しても、たとえばテレビで芸能人が着ていた洋服が雑誌に載ったりすることも多いので、どちらの方が強いかと言えばテレビではないかと思います。テレビで芸能人が着ていたという事実は、高校生にとっては影響が大きいのではないかと思います。

司会　ただいま、太刀川さんと下平さんから意見がありましたが、いかがでしょうか。

フロア7　分かりました。ありがとうございます。

司会　ご質問いただきましてありがとうございました。以上をもちまして、「中心市街地とメディア環境に関する調査―中間報告―」を終わらせていただきたいと思います。

第4節　「二〇〇九中町シンポジウム」からみえたもの

1　中町シンポジウムの意味

本日は秋の大型連休中の大変お忙しいなか、中町シンポジウムにご出席を賜わりありがとうございました。冷や冷やしながら聴いていたのですが、学生は緊張しながらも、普段のゼミではみせないような真剣な表情で終始やってくれたと思います。フィールドワークで酒田滞在中連日、ホテルではシンポジウムの打ち合わせを遅くまでやっていました。中間報告の数字が出ましたのが、ちょうど東京からバスが出発する当日でした。夏休みということもあったのですが、時間が予想以上にかかってしまいました。調査集計上、シンポジウムでもう少し詳細なデータを報告できなかったことをお詫び申し上げます。

では、総括という形で中町シンポジウムの意味について述べさせていただきます。ゼミのフィールドワークは二〇〇三年からはじまって、二〇〇五年、と、そして今回二〇〇九年は三回目になりました。最初のフィールドワークの共通テーマは、「商店街中心市街地の活性化」でした。そして二〇〇五年は、「中心市街地の進化」を掲げました。いずれも酒田の中心市街地である中町商店街を研究対象としてきました。ちまたで地域のまちおこしの問題がトレンドになって久しい状況です。社会学における地域研究はもちろんのこと、行政や商業政策、観光対策などその分野は拡大するばかりです。それだけ、全国各地でテーマになっている大きな問題なのです。

そんな状況下ですが、私たちはもう「商店街の活性化」とか「にぎわい」というテーマをあげてのフィールドワークは一端区切りをつけました。過去二度のフィールドワークで、ある一定の成果を発表いたしました。むしろいまやるべき問題は、その街にある独自のオリジナルな部分をピックアップして、それをどう人びとに反映させるか、それをどう検証していくのかにあると思います。そしてその結果、「活性化」とか「にぎわい」という部分につながってくると確信しています。

私たちのゼミというのは、社会学科のなかでもメディアやファッション・流行というメディア文化の領域を専攻している学生が多く在籍しています。マス・メディアとトレンドのかかわりなど研究対象はいまにあります。この数年、NHKの「東京カワイイ★TV」の影響で、〝カワイイ〟を題材にしたテーマに関心が向いております。「〜カワイイ」という表現での特集や商品も増加の一途です。それにあわせ女子大生や女子高生を使う風潮も非常に増えております。(62) この流れに沿いながら酒田の街をみていこうじゃないかというのが、今回のフィールドワークのテーマにつながりました。

二〇〇三年からフィールドワークをおこない、酒田の街は女性文化というものが華やかであるという研究成果を提出してきました。全国屈指の女性文化を象徴するイベントの数々、

---

(62) NHK総合にて毎週土曜日一一時三〇分OA。春と秋に「東京ガールズコレクション」「東京リアルクローズ」を中継。

港町酒田の歴史的往来から発した華麗な文化はみなさんの理解しているとおりです。本シンポジウムのプレ報告にもあった、メディア文化の街の由来そのものです。伝統的な華麗に対し、現代的なカワイイ文化も発信しています。酒田舞娘さんを含めてですね。そして、「SHIP」があれだけメディアで注目され、四年が過ぎて、今度はそれを「SKIP」というドラマによって進化させました。「華麗」イコール「エンターテインメント」である根拠がここに存在しています。メディア文化の土壌があったのはそこなのですね。そういう艶やかでしなやかで、そしてソフトな感じであるのが酒田の街だと思うのです。

その中心にあるのが、この中町商店街なのです。ですから、中町商店街というのは、日常というよりも非日常的な空間であると。日常的な空間というのは、ロックタウンやジャスコみたいなエリアを指すと考えています。非日常的な世界は、コストのかかる高額な時間や商品が必要になることが多いと思います。であるから親子で買い物をしたり、特別な意識をもち、そこに集まるという背景が存在するわけです。非日常も同居したある種のコミュニティ空間が成立するわけです。そうした領域で、「カワイイやおしゃれ」をテーマにしたフィールドワークから酒田のオリジナルがみえてくるのではないでしょうか。

先ほど、フロアから重要な質問がありました。一つは、ハーバーラジオの質問がありました。私は、そこでおそらく収録時の苦労話が出るかなと思ったのですが、あまりなかったものですから、少し補足させていただきます。あれは予備調査の先発隊ユニット1のメンバーたちでした。スタジオでの収録で、ハーバーラジオのパーソナリティの一人からから「何で酒田に来るんですか」「なぜ、酒田がメディア文化の街何ですか」という質問に、第一グループはタジタジになったのですね。思うような説明はできませんでした。私も猛省しました。そういう指導をきちんとしてこなかったことにです。東京にもどり、すぐのゼミでこの問題を話し合う、修正をおこないました。パーソナリティのおかげであらためてメディア文化の街を考えるきっかけになりました。すぐその日の夕方にハーバーにお礼の電話をしました。パーソナリティはいたく恐縮してなのか、つぎの第二グループのユニット2には優しかったようです（笑）。後日、第二グループは優しくされたのに、私たちには厳しかったのという笑い話になりました。ゼミのホームページは、第二グループの写真を使っています。第一グループの写真は、彼女たちの表情はひきつって（笑）、使えなかったのですね。しかし、今回大変貴重なことをハーバーラジオから教えてもらったのですね。そして、あの指摘こそ、酒田に行くのは観光でも遊びでもないのだと。今回もゼミ生たちは実費を払って来ていますから。そういうエピソードをもっての酒田という状況もぜひご理解いただければ幸いです。

2　高校生とのコミュニケーションの成果

二つ目ですが、私は大学生の質問だと思うほど的確だったのが、酒田西高の生徒さんからの内容です。大変ありがとうございました。まさにメインテーマでしたから、あの質問に対してゼミ生たちがどのように答えるかと期待と不安が交差していました。西高の生徒さんの指摘された課題は、やはり雑誌の部分と関連していると思います。「あまり雑誌は読んでいない」という意見もあったのですが、中間報告でもかなりの人が『Ｐｏｐｔｅｅｎ』をはじめとする、女性誌を読んでいるのです。こんなに読んでいるとは思いませんでした。

まして、『Popteen』や『SEVENTEEN』『Zipper』だけではなく、中には『BLENDA』とか『Cawaii！』とか、驚いたのは『小悪魔ageha』を読んでいる生徒もいたことです。(63)

酒田の女子高生のみなさんが読む雑誌から予想以上の数字が出てきたのには注目です。調査票の回答待ちしている残りの高校は、女子生徒の多い学校なので、最終的にこの数字はさらに上がるのではないかと予想しています。潜在的に、これだけの数の女子高生が、トレンド性の高い女性誌を読んでいるという事実が大変重要だと思いました。そのためにも、こうした意識の高校生たちに応えるべく、店舗やファッション情報は必要です。中町にそうしたショップを開店してほしい、そうすれば中心市街地もまた、〝おしゃれ〟〝カワイイ〟エリアとして、高校生に認知されるのではないかと思います。

一九七〇年代当時、酒田の街には「グリーン・ハウス」という洋画専門館があって、東京と酒田同時ロードショー上映をしていました。そして、本屋さんもあって『ロードショー』とか『SCREEN』とか、あるいは『平凡』『明星』とか、色々な雑誌が読めました。メディア文化に関しては、東京と酒田とのあいだにはタイムラグがなかった。そういう街だったのですね。だから、誇りを持って酒田を愛することができたのです。(64)

ところが、いまはそんな環境もなくなり、逆の情報過多によって若者はより東京を向いています。どうしてもメディア的露出部分がないといけないのですね。先ほどフロアからご質問があったメディアの発信というのは、そういう部分になると思います。何らかのインフォメーションスポットなり、本屋さんが駄目であれば、中町商店街のなかでそうした雑誌を陳列したり自由に閲覧したり、あるいはそういう情報がある程度キャッチできる映

(63) トレンド関心率は首都圏と大差ない。

(64) メディア環境の充足こそ若者のプライドにつながる。

画という部分があれば、また少しは変わってくるのではないかと。西高の生徒さんの質問に対して、〝おしゃれ〟とか〝カワイイ〟というのを例にすれば、そういう部分のインフォメーションに力を入れていただくことを考えてもらえればと感じました。

それから食事スポットについて興味深いことがありました。予備調査時に、和食洋食と酒田を代表する複数のお店で食事をしてもらいました。地元の方々には、酒田の人だってそんな場所には毎日行かないよというところばかりです。確かに少し贅沢かなとも考えましたが、せっかく酒田にきたのだからとも。

そこで数ヶ月が過ぎ、今回の本調査でゼミ生たちの食事をした場所を聞くと、予備調査で気に入ったお店をリピーターとして利用したゼミ生は八人いました。どうしてももう一度という気持ちと、本調査では必ず寄りたいと、決めていたそうです。レストラン、喫茶店での食事も美味しいとのことでした。この四泊五日の滞在中、お昼と夜の食事は、ゼミ生複数のグループに分かれて思い思いに楽しむことができました。そこからもおしゃれを探すことができたということです。

高校生のみなさんとのコミュニケーションを実現するために、酒田市内高校の先生方には多大なご協力をいただきました。とくに、校長先生との時間は生徒さんと話すよりも長かった学校も多分にありました。授業時間を高校生と学生たちのジョイントで意見交換の場もありました。一昨日での高校では、当該以外の生徒が乱入して、ゼミ生から住所とかアドレスを聞くような状況になって、高校の先生があわてて しまうという盛り上がりもありました。

3 メディア文化の街の進化を求めて

こうしたフィールドワークの時間は、多大な課題を受けることにもなりました。共通テーマの総括が最優先の課題だとは思います。とくに、酒田のカワイイについては重要です。私たちがどのようにまとめていくかを考えると、「獅子頭「と「刈屋梨」にたどり着きます。たまたま梨というものを考えると、ネットなどでは、全国分布のなかでも、「刈屋・酒田」として登場するのですね。酒田というのは本当にフルーツが豊富なのですが、そのなかで特定されるものが何かという時に、やはり刈屋の梨があげられると思います。五月のフィールドワークの時に、その話題が出たのです。

中間報告でも、酒田の〝カワイイ〟というもので第一位が獅子頭でした。第二位は白鳥でした。たとえば、梨の上に白鳥が飛んでいるとか、あるいは獅子頭が梨の上に乗っているとか、そんなキャラクターとか、そんなアニメーションとか、何でもいいのですね、そうした〝カワイイ〟ものを出すことによって、そこの特産品と獅子頭がまた別な形でみえるのではないかと。本当に、純粋に酒田の地域のなかでフルーツと限定されたら、やはり梨というのは前面に上がるのではないかと思います。また、梨は、ダイエット、ヘルシーにリンクされますので、それは〝カワイイ〟とか〝おしゃれ〟なのです。科学的にも、梨にはタンパク質を分解する酵素があるとか、あるいは低カロリーだとか、一〇〇%近い水分があるとか、いわれています。それらを合わせ、たとえば「ファーストフードの後は〝刈屋の梨〟」とか、そんなキャッチフレーズで発信できるのではないかと。そうすれば、酒田というものを知ってもらえるのではないかと考えたりします。

そして、地元の方々から色々なことを教えていただきました。こんなエピソードもありました。連日、親切にしてもらって、酒田の方々は優しい。人と人とのコミュニケーションもよかったと学生たちはいいます。しかし、地元の人は優しい、そういう人と人とのコミュニケーションが良いからといって、それで良いのかという部分を、酒田のキーパーソンの方からご指摘を受けました。その指摘とは、「『良く来てくれました。また来て下さい』と親切なのは、それは四日間で帰ることが分かっているからだ。それが一ヶ月、二ヶ月も続いたら、果たして地元の人たちの親切が続くのか」ということでした。大変印象的でかつ大事な指摘でした。学生たちは就職活動の面接の訓練を受けているように考えさせられました。ホテルに戻ってから、必ずフィールドワークの研究成果は、評価されるものでなくてはならないと、結果を出さないと酒田の方々と今後、お付き合い願えないと、学生たちと交わした感想でした。

二〇〇九年で、ゼミ生たちとのフィールドワークは三回目になります。本日のシンポジウムには、行政の方とかメディアの方とか商店街の方、大学関係者、市内二高校の校長先生と四校の高校の先生方々、わざわざご出席賜わり、本当に大変幸せに思っています。

今後は本調査の結果、そして集計が全部出揃って、来年の春には、まとめた一冊を刊行する予定です。二〇〇三年の時に「メディア文化の街〝酒田〟」と呼んだ研究成果を発表したのを思い出します。今度は、「〝おしゃれ〟と〝カワイイ〟の酒田」として認知されれば嬉しいことだと思います。

昨日、フリーマーケットをやったのですが、朝から夜までやって一二個しか売れませんでした。それで気持ちが消沈してホテルに戻ったのですけれども、学生から逆に「一二個も売れれば素晴らしいじゃないですか」といわれて、学生から元気づけられて、今日のシンポジウムを迎えることができました。

酒田での日々は、学生たちにとって、今後就職活動とか、将来の仕事に少しでも活かせることができれば幸せなことです。本日は、本当に感謝いたします。総括という形になっていませんけれども、お礼を込めてご挨拶をさせていただき、司会にバトンタッチしたいと思います。本当にありがとうございました。

司会　これにて、二〇〇九年中町シンポジウムを終了させていただきます。大変拙い内容になってしまい、申し訳ございませんでした。最後まで皆様にはご静聴いただきまして、まことに感謝申し上げます。ありがとうございます。

ありがとうございます。私たちは、この本調査で酒田の街が大好きになりました。今後、東京に帰っても、酒田の街のことを…注目し続けたいと思っておりますので、今後ともよろしくお願いいたします。

本日は、まことにありがとうございました。

〈参考文献〉
・仲川秀樹、二〇〇五年、『メディア文化の街とアイドル―中町商店街「ＳＨＩＰ」「グルーン・ハウス」から中心市街地活性化へ―』学陽書房
・仲川秀樹、二〇〇六年、『もう一つの地域社会論―酒田大火三〇年、メディア文化の街ふたたび―』学文社
・仲川秀樹、二〇〇九年、「メディアからみる〝おしゃれ〟と〝カワイイ〟の世界―女子学生の女性

誌選択とファッション傾向―」『ジャーナリズム&メディア』第三号、日本大学新聞学研究所

結び

メディア文化の街はつづく

1　映画『SILK・シルク』にみる中継点

瞬間的重要性の街

二〇〇七年九月の第三二回トロント国際映画祭SPECIAL　PREZENTATION正式出品、ワールドプレミア開催、第二回ローマ国際映画祭プレミア部門出品、第二〇回東京国際映画祭特別招待クロージング作品、そして二〇〇八年一月に日本でロードショー公開された、日本・カナダ・イタリア合作映画の『SILK・シルク』（フランソワ・ジラール監督）で酒田のおかれている位置を感じとった。（1）

近年、酒田をメインロケした映画やドラマなどの作品は増加している。もっとも話題になったのは、二〇〇九年二月にアカデミー賞外国語映画賞を受賞した『おくりびと』（滝田洋二郎監督）であろう。酒田の街は、『おくりびと』一色の光景が続いている。「おくりびと」の受賞は永遠に語り継がれる快挙である。

この「おくりびと」より少し早い、二〇〇六年三月に酒田でロケがおこなわれた映画があっ

（1）映画『SILK』公式プレス資料。

た。それが「ＳＩＬＫ」である。この時期の酒田はあまり雪もなく、ロケ地の山居倉庫周辺には、近くの山々から大型トラックで雪が運ばれ、準備に余念がなかった。酒田観光物産協会を中心にエキストラが大々的に募集されていた。そして撮影がおこなわれた。

ロードショー公開後、地元の関係者からはあまり評価の声があがらなかった。その理由は、ロケ地である山居倉庫のシーンがほとんどなかったことにあった。作品全体のなかで、シーンは三カットほど、時間にして二分に満たなかったことにあった。しかし、著者はわずか三カットのシーンに酒田の街の位置をみつけた。酒田は中継点として、この映画のなかで確固たる役割を果たしていること。瞬間的重要性のある街の意味をよみとる必要があることを。

カタカナの意味「サカタ」

映画のなかで、フランスから世界の果て「日本」までの行程はつぎのようなプロセスをたどった。セニー（国境）、ヨーロッパを横切る。ウィーンから列車、モラヴィアを抜けキエフ。キャラバンを雇いロシアの平原を越え、氷と吹雪の四八〇〇キロ。バイヤル湖でクリスマスを迎える。中国との国境沿いにアムール川を下り、海に出て、ウラジオストクの港に一一日間。密貿易船に乗り、海を越え、「サカタの港」に着いた。異郷の光景、心に焼きつく「モガミ川」、「ヤマガタの雪」、シナノの山を越えると三日間、いくつかの峠を越え歩き続けた。幾日も寒さに耐え、眠れぬ夜を過ごし、目的についた(2)。

映画のストーリー上、この過程は三度繰り返される。それぞれ、「サカタの港」、「サカタ」（一日かけて）と字幕される。つねに「サカタ」は「サカタ」と経由される事実に、本来の「酒田」の実態をみることができた。

（2）本編字幕の一部。

セレブ的中継点という解釈

一九世紀のフランス、美しい田舎町の風景、登場する人物たち、華麗なバックグランドにとても地方の衰退をよみとらない。これが想像の映画だからであろうか。日本の地方都市、酒田の街に一歩足を踏み入れたゲストたちは、わかりやすく、きれいな街と表現する。おしゃれとかトレンドとか呼ばれるものには、長く根ざしたトラディショナルな部分が必要である。出入国の場所だけに酒田を用いたのではなく、瞬間的映像価値の反映する街だからである。それが「サカタの港、モガミ川、ヤマガタの雪」と、連続した流れによって表現されている。

バリバリの観光地にはなれない、交通が不便、首都圏からアクセスがもっとも不便な代表でもある庄内地方。冬にかけてはまさに「世界の果て」に向かうような地域である。(3) それでも作品のなかで描かれる「サカタの港」は繁栄していた。そこを中継点にして、さらに山奥へと主人公は進んでいった。ハデでなくても、有名な観光地になれなくても、セレブ的な要素の強い街として、さらにその中継点としての存在感のある街、それが酒田ではないのか。『シルク』のキャスティング、エルヴァ（マイケル・ピット）、エレーヌ（キーラ・ナイトレイ）、原十兵衛（役所広司）、少女（芦名星）四人のパーソナリティ設定には、ハデさというより、トラッドなコンサバ・セレブ的な姿をよみとってしまう。

世界の果てに位置する国に、主人公が「また訪れたい」ということばに、重要な意味が潜んでいると思う。つまり、「日本の果て」に匹敵する「日本海の地方都市」である。

(3) JRは直通がなく新潟から特急乗車。しかし強風で遅れが多く、冬は運休も多い。新潟で乗継ができなくなる。航空機も頻繁に天候調査のかかる路線。高速道も未開通。

2　シアター空間の〝おしゃれ〟度

洋画専門館の残したもの

洋画専門館「グリーン・ハウス」の残したスタイルは、世代を通して受け継がれていく。二〇〇九年の秋、「高校生による〝未来のやまがた〟提言シンポジウム」が酒田西高校にて開催された。

シンポジウムの途中、パネリストの一人が、酒田には「グリーン・ハウス」という映画館があったのですね。という発言がなされた。会場が一瞬どよめいた。(4) このシンポジウムのコーディネーターであった著者は、すかさず会場の高校生に振った「グリーン・ハウスの聞いたことある人」と。何人かが手をあげた。そのなかでもっとも反応の早かった生徒を指名した。生徒は「酒田大火で焼けたことで」と話した。一九七六年、まだ出生していなかった若者がとっさに、「グリーン・ハウス」の名前に反応したことが印象的でならない。

通常、グリーン・ハウスにもっとも反応するのは、当時、若者だった年代の人たちである。われどのような場所であっても、グリーン・ハウスの話になると、なぜ、力が入るのだろう。われ先にと語りたくて仕方がない。酒田に関するネット情報や、個人でブログを開設している人びとは、グリーン・ハウスに触れない方はいない。それほど酒田の若者文化の中心に位置していた。その世代のジュニアたちのなかには、グリーン・ハウスという映画館の話しを受け継いでいても何ら不思議ではない。むしろ話したくてウズウズしている。

(4)「グリーン・ハウス」を知らない高校生の反応。

♡若者文化の再現「中町シネ・サロン」

若者はおしゃれを好む、トレンドに敏感である。若いときに培った文化は、いつの時代でも温め続けている。その表出こそ、中町シネ・サロンの登場である。上映開始の合図は、「ムーンライト・セレナーデ」でなくてはいけない。これは絶対条件である。コーヒーはカクテール堂の豆でなくてはならない(5)。

コーヒーとケーキのセット、その場合、ケーキはタルト生地、シュークリームの生クリームの量は、そんな組み合わせでコミュニケーションを楽しめる喫茶店の数。中心市街地にある喫茶店のキャッチフレーズは「若い文化の〝交茶点〟」である。ここではさりげなく着飾った女性たちの姿を一日中みることができる(6)。

すべてがグリーン・ハウスではなくても、グリーン・ハウスのように伝説化したシアターを語り継ぐということは、自分たちの若い日々のプライドを自己顕示することにほかならない。単なるノスタルジックな想いならこんな固定化した感性で対象を判断することにはならない。自らが実際に経験した感性を伝達していることに喜びを感じている。とにかくメディア文化の絡んだ催しには事欠かない。われもわれもというスタイルは酒田の風土でもある。

♡帰ってきた、港町の幻想映画館

若者文化の象徴であったグリーン・ハウスに対し、大人のおしゃれで対峙しているのが「港座」である。港座は、芝居小屋として建築された由来のとおり、いまでは、港座復活祭としての映画上映が月に二日〜三日。それ以外は、多目的エンターテインメント施設としての機能を施している。コンサートやライブ会場、演劇やミュージカルの劇場、写真や絵画の展示ギャラ

（5）メディア環境の充足とはそれなりの独自性が必要。

（6）市民会館（希望ホール）向かいにあり、とくにコンサート前後は余韻に浸る場所。

リーなど、昭和のメディア文化的空間として利用されている。

港座のチラシのコピーである。「帰ってきた、港町の幻想映画館」。一度、館内に足を運んで欲しい。とくに高校生や大学生たちには。

かつて「東北一の劇場」と呼ばれた映画館「港座」が再び開館した。港座は、一八七年（明治二〇年）に開館し、芝居小屋や映画館として、市民に親しまれてきた。その後、映画産業の斜陽化、近隣町への複合型映画館（シネマコンプレックス）進出などにより、客足が遠のき、二〇〇二年一月一四日の上映を最後に閉館。それが、米国アカデミー賞外国語映画賞を受けた「おくりびと」のロケ地となったことを機に、「もう一度あの輝きを取り戻したい、地域のみなさまに愛される映画館をつくりたい」(7)。

港座復活にかけたスタッフたちのメッセージである。

もう一つの酒田の街のおとなのおしゃれ

第2章で詳細に記したが、中町のシネ・サロンに対して、日吉町の港座、若者のおしゃれとおとなのおしゃれが絡み合うおもしろさがいい。

全国各地で映画館復活の動きは多い。酒田の場合は、新規に映画館をオープンするのではなく、かつて地元市民に愛されながらさまざまな事情で消滅または閉館した映画館をいまのシステムに沿ったスタイルで、いまに適応させるように再構築したことに大きな意味がある。当時を知る大人世代、いまの状況を受け入れる若い世代、お互いが世代にあった楽しみ方をするために復活されたシアターであること。この点を強調しておきたい。

(7) 港座オリジナルチラシのコピー

3　伝統的〝カワイイ〟と娯楽性

進化する「雛街道」

二〇〇六年早春「むかし小路のひな巡り」と題してはじまった酒田雛街道も、二〇一〇年には、五度目の春を迎えた。「湊・酒田の雛めぐり」として年々進化を遂げていった。最初の雛街道では、本間家旧本邸、本間美術館、山王くらぶ、酒田夢の倶楽、相馬楼、旧鐙屋といった伝統的雛人形の展示を中心に開催されていた(8)。

二〇一〇年には、これまでの展示以外に、料亭やスイーツなどを盛り込んだ、「雛フレンチ」や「雛膳」と趣向を凝らしたランチやディナーを用意して、観光客や地元の人たちを迎え入れた。桜のシーズンに合わせるかのような、ピンクなどのカラーを入り混ぜた、カワイイ・デザインで酒田のお雛さまを盛り立てた。雛街道イベントに協賛する市内の店舗も増加し、ただの協賛ではなく、各店舗に昔ながらの雛人形をエントランスやショーウインドウに飾るといった試みがなされている。酒田の街がいかに裕福であったかが、この伝統的〝カワイイ〟の存在から鮮明になってきた。

「三大つるし雛」効果とおしゃれな女性たち

稲取の「つるし飾り」、柳川の「さげもん」と並んで、酒田の「傘福」も日本三大つるし飾りと呼ばれるようになった。二〇一〇年二月には、酒田の傘福展示も第五回目を迎えた。雛人形を伝統的カワイイとたとえれば、傘福の圧倒的色彩は、デザイン的にも進化したカワイイと

(8)　例年、二月終わりから四月はじめまで「酒田雛街道」イベント開催。旧家に残る雛人形が街中のウィンドウに飾られる。

なろう。実際、実物をみた誰もがその彩に感激する。

とくに二〇一〇年三月には、日本三大つるし飾りサミットが酒田で開催された。二〇〇八年にはじまったサミットは、三地域の連携を高めるものとなった(9)。

そもそもつるし飾りについては、東伊豆の稲取の地元婦人会が一九九三年に復活したことがきっかけになった。酒田も地元の婦人会が日頃から飾りにする縁起物にコツコツ時間をかけて増やしていったことがこのような華麗な世界をつくりだした。実際の展示をみることは、観光云々の次元を超えた歴史的産物である。

4　酒田の〝おしゃれ〟と〝カワイイ〟は「刈屋梨」と「大獅子ファミリー」

♥「おしゃれとカワイイ」のテーマ

三度目の酒田フィールドワークを、この九月に実施した。二〇〇三年「中心市街地の活性化」、二〇〇五年「中心市街地の進化」、あれから四年が経過した二〇〇九年、今回、ゼミ生一四人と考えたテーマは、『酒田の街で〝おしゃれ〟と〝カワイイ〟スポットを探そう』であった。

このテーマに沿って滞在中、中町マリーン5清水屋店内にて、地元中高生を対象に「女子大生〝かわいい〟コレクション」として、フリーマーケットへの参加。フィールドワークの報告として、「第2回中町シンポジウム」を開催し、地元市民や中高生たちと〝おしゃれ〟と〝カワイイ〟を語る時間もつくった。

(9)『山形新聞』(二〇一〇年三月一九日付朝刊)参照。

これまでの研究成果のつづき

一見酒田の街でどうしてこのテーマと思うかもしれない。確かにこの数年、ＮＨＫの「東京カワイイ★ＴＶ」にみられるような、〝カワイイ〟トレンドに注目が集まっているような傾向はある。しかし、酒田の街でこの〝カワイイ〟と〝おしゃれ〟を掲げるには必然性がある。それは酒田の街に根づいた文化、それもメディア文化としての要素が多分に存在しているからである。この理由は、すでに二冊の拙著、『メディア文化の街とアイドル』（二〇〇四年）、『もう一つの地域社会論』（二〇〇六年）で明らかにしたことなのでとくに触れるものではないが、「酒田の街は〝おしゃれ〟」という語りこそ、酒田の中心市街地「中町商店街」エリアにみられた「中町ファッション」を意味するものである。

本書では、これまでのような「活性化」とか「にぎわい」のような言葉は使用しなかった。中心市街地の研究で、もはやそのレベルで議論することよりも、その街に長く残るオリジナルな部分を表出させることで、そこにしかない独自の話題を提供することが可能となる。その地域の将来に欠かすことのできないテーマにもなる。

おしゃれは「刈屋梨」カワイイは「大獅子ファミリー」

酒田の街を分析する上で、重要なことは、まず酒田を知らない人間が客観的に酒田の現実をみる。つぎに酒田で生まれ酒田で育ち、一〇代後半まで酒田に居住している人間がみた酒田の現実をみる。両者の関係を一つにすることである。

そこで分析として、酒田を知らないゼミ生を四つのユニット（テーマ）グループに分けて、今年五月から六月までのあいだ予備調査を実施した。そこで学生たちが登録した酒田の〝おしゃれ〟と〝カワイイ〟は、「刈屋梨」と「獅子頭の大獅子ファミリー」であった。それに当然のように「酒田舞娘」が続いた。

「刈屋梨」がなぜ〝おしゃれ〟なのか、それを考えるには、ヘルシーとダイエットの言葉との連関がポイントになる。梨は、水分補給に十分、低カロリー。ファーストフードや高カロリーな食事の後にピッタリ。まさに〝おしゃれ〟なフルーツである。

梨は、春の開花と秋の収穫で二度楽しめる。さらに数ある山形県の果物の中で、「刈屋梨」はまぎれもなく酒田のフルーツであり、全国レベルでのブランド化も完成している。そこから提案した「獅子頭」と「刈屋梨」のコラボレーションとキャラクター化には、ゼミ生たち共通の思い入れもあった(10)。

女子高生たちのおしゃれに応えて

酒田で生まれ育ち酒田に居住している、地元高校生の意見は新鮮だった。酒田市内の高校生八〇〇人への調査票による調査と、高校生たちに直接ヒアリングする二つの方法をとった。その結果、酒田の街の若者文化そのものを知る機会になった。

もっとも象徴的だったのは、市内女子高生たちがふだんよく読む女性誌の種類が大都市首都圏レベル以上に浸透していることである。多くの女子高生は女性誌を読んでいた。『Ｐｏｐｔｅｅｎ』『Ｚｉｐｐｅｒ』『ｎｏｎ－ｎｏ』の人気女性誌から『ＶｉＶｉ』や『小悪魔ａｇｅｈａ』の読者がいたのには驚きだった(11)。

そして、彼女たちが中心市街地である中町商店街に開いて欲しいお店のダントツは、「ファッションのお店」や「１０９のようなお店」だった。〝おしゃれ〟に関するものがシンボリック

(10) おしゃれなフルーツ「刈屋梨」。女子高生と大学生が選んだカワイイの「獅子頭」。ビッグなコラボレーションの誕生。

(11) トレンドに敏感、おしゃれ認知度の高さを再確認。

な数字として、酒田の女子高生から示されたことは興味深い。第3章の高校生調査を参照されれば詳細の記載がある。

最後に酒田でもっとも〝カワイイ〟とイメージするものとして高校生があげた第一位は、これもダントツで、「獅子頭」であった。「獅子頭」は大獅子ファミリーとして、高校生たちはそれぞれの名前を知っていた。

高校生とゼミ生の共有するものが酒田を象徴するモデルとして一致した。

〝おしゃれ〟と〝カワイイ〟を共通テーマとしてきた本書。そこにあるのは高校生と大学生の視点をまじえての結論だった。若者文化を知ることは、都市を知ることにもなった。

5　メディア文化の街はつづく

連続するメディア文化の世界

酒田をメディア文化の街と位置づけてから八年になろうとしている。最初は、商店街の活性化のために娯楽的要素の必要性を説き、フィールドワークで検証した。それで終わりと思った。しかしつぎに、商店街の進化というあらたな課題が浮上した。中心市街地の人の流れからルート構築をおこなった。中心市街地の研究は一区切りがつき、酒田の街の課題に対応させる方策も提示した。これで完結と思えた。

ところが過去二回のポイントになっていた、酒田のメディア文化の象徴として取り上げた「グリーン・ハウス」にかかわるエンターテインメントの部分で、いくつかの動きが出てきた。二〇〇七年の年末、「グリーン・ハウス想い出コンサート」と二〇〇八年の夏、「街かど映画館事業」であった。時機を同じくして、かつての若者文化が酒田市民のあいだで甦った。偶然というより必然だった。歴史的連続性のたまものとして動き出した。(12)

そして流れを決定づけたのが、二〇〇九年の冬、酒田メインロケ映画『おくりびと』のアカデミー賞受賞のニュースだった。「中町シネ・サロン」と「港座」は勢いづいた。とくに試行錯誤しながらはじまったばかりに港座の映画再建には何よりの追い風になった。それがいま、港座復活祭として、第一〇回を数える結果となっている。(13)

そんなメディア文化の動きに、呼応するかのように、酒田の街の風土的なトレンド性を明らかにしていこうと、本書にある「おしゃれとカワイイの研究」に進むことになった。

終わりのないプロジェクト

この研究に終わりはない。

完結したはずのメディア文化の街の分析。若者たちの声を分析しているうちに成しとげなければならない、あらたな課題が浮上してきた。突然の浮上ではなく、何年も潜在し続けてきたことである。中心市街地、商店街存続にかかわる課題である。

高校生八〇〇人の声に、高校生の直接の指摘に応える問題である。中心市街地の是非に関係する重大な問題に答えを出さなくてはならない。

本書の完結は、あくまでも「おしゃれとカワイイ」の分析であり、メディア文化の街の残された最優先の課題はつぎの成果に引き継がれることになる。

終わりのないプロジェクトに入り込んでしまった。

---

(12) 「グリーン・ハウス」的空間は、いまでも酒田のメディア文化の支えである。

(13) メディア文化世代の支えのなか、進みはじめた。

〈参考文献〉
・映画『ＳＩＬＫ』公式プレス資料
・映画『ＳＩＬＫ』映像資料
・映画館「港座」公式資料・配布資料
・酒田市役所商工港湾部関係資料
・酒田観光協会提供資料
・『酒田市大火の記録と復興の道』一九七八年、酒田市
・仲川秀樹、一九九四年、「地方都市の若者文化とマスコミの役割」『日本文化論への接近』日本大学精神文化研究所
・仲川秀樹、二〇〇四年、「地方都市活性化の試みと世代間にみる影響の流れ―酒田・中町商店街活性化のプロジェクト意識をめぐって―」『二〇〇三年フィールドワーク研究報告書』日本大学文理学部

索　引

あ 行

か 行

さ 行

た　行

な　行

は　行

著者紹介

仲川　秀樹（なかがわ　ひでき）

1958 年	山形県酒田市出身
1983 年	日本大学法学部新聞学科卒業
1988 年	日本大学大学院文学研究科社会学専攻博士後期課程満期退学
	日本大学文理学部助手，専任講師，助教授を経て
現　在	日本大学文理学部教授
	大妻女子大学講師
専　攻	マス・コミュニケーション論，メディア文化論，社会学理論
単　著	『もう一つの地域社会論』学文社，2006 年
	『メディア文化の街とアイドル』学陽書房，2005 年
	『サブカルチャー社会学』学陽書房，2002 年
共　著	『マス・コミュニケーション論』学文社，2004 年
	『情報社会をみる』学文社，2000 年
	『人間生活の理論と構造』学文社，1999 年
	『現代社会の理論と視角』学文社，1995 年

“おしゃれ”と“カワイイ”の社会学 ―酒田の街と都市の若者文化―

2010 年 5 月 25 日　第一版第一刷発行
2011 年 4 月 20 日　第一版第二刷発行

著　者　仲 川 秀 樹
発行所　㈱ 学 文 社
発行者　田 中 千 津 子

東京都目黒区下目黒 3 - 6 - 1
〒 153-0064　電話（03）3715-1501（代表）　振替　00130-9-98842
http://www.gakubunsha.com

落丁，乱丁本は，本社にてお取り替えします。　印刷／新灯印刷株式会社
定価は，売上カード，カバーに表示してあります。　<検印省略>

ISBN978-4-7620-2092-6